历史的丰碑丛书

马其顿帝国的创始人 亚历山大

张树卿 编著

吉林人民出版社

图书在版编目(CIP)数据

马其顿帝国的创始人——亚历山大 / 张树卿编著 .
-- 长春 : 吉林人民出版社 , 2011.4（2021.8 重印）
（历史的丰碑丛书）
ISBN 978-7-206-07587-2

Ⅰ . ①马… Ⅱ . ①张… Ⅲ . ①亚历山大大帝（前
356～前 323）-生平事迹-青年读物②亚历山大大帝（前
356～前 323）-生平事迹-少年读物 Ⅳ . ① K835.407=2

中国版本图书馆 CIP 数据核字 (2011) 第 039416 号

马其顿帝国的创始人 亚历山大
MAQIDUN DIGUO DE CHUANGSHIREN YALISHANDA

编　　著 : 张树卿
责任编辑 : 门雄甲　　　　　封面设计 : 孙浩瀚
制　　作 : 吉林人民出版社图文设计印务中心
吉林人民出版社出版 发行 (长春市人民大街 7548 号　邮政编码 :130022)
印　刷 : 北京一鑫印务有限责任公司
开　本 :787mm×1092mm　　1/16
印　张 :8　　　　字　数 :72 千字
标准书号 :ISBN 978-7-206-07587-2
版　次 :2011 年 4 月第 1 版　　印　次 :2021 年 8 月第 2 次印刷
定　价 :35.00 元

编者的话

"欲知大道，必先为史"。

回溯人类的足迹，人们首先看到的总是那些在其各自背景和时点上标志着社会高度和进步里程的伟大人物。他们是历史的丰碑，是后世之鉴。

黑格尔说："无疑，一个时代的杰出个人是特性，一般说来，就反映了这个时代的总的精神。"普希金说："跟随伟大人物的思想是一门引人入胜的科学。"

以史为鉴，面向未来。作为21世纪的继往开来者，我们觉得，在知史基础上具有宽广的知识结构、开阔的胸襟和敏锐的洞察力应是首要的素质要求，而在历史的大背景中追寻丰碑人物的思想、风范和足迹，应是知史的捷径。

考虑到现代人时间的宝贵，我们期盼以尽量精短的篇幅容纳尽量丰富的信息，展现尽量宏大的历史画卷和历史规律。为此，我们编撰了这套丛书。

编撰丛书的过程，也是纵览历代风云、伴随伟人心路、吸收历史营养的过程。沉心于书页，我们随处感受着各历史时期伟大人物所体现的推动历史进步的人类征服力量。我们随着伟人命运及事业的坎坷与辉煌而悲喜，为他们思想的深邃精湛、行为的大气脱俗而会意感慨、拍案叫绝。

然而，在思想开始远游和精神获得享受的同时，我们也随之感受到历史脚步的沉重和历史过程的曲折。社会每前进一步都是艰难的，都伴随着巨大的痛苦和付出。历史的伟大在于它最终走向进步，最终在血污中诞生了鲜活的"婴孩"。

历史有继承性和局限性，不能凭空创造。伟人也有血肉，他们的思想、行为因此注定了同样具有历史的局限性和阶级的、时代的烙印；他们的功业建立于千千万万广大人民群众伟大创造的基础上。历史是人民群众创造的，伟大的人物们是历史和时代造就的。同时，我们也无法否定此间他们个人的努力。这也正是我们编撰这套丛书的目的。

我们期盼着这套丛书得到社会的认同，对读者，特别是青少年读者之历史感、成就感和使命感的培养有所裨益。史海浩瀚，群星璀璨。我们以对广大青少年读者负责的精神，精心遴选，以助力青少年成长进步，集结出版了《历史的丰碑》系列丛书，敬请读者批评、指正。

历史的丰碑丛书

编 委 会

策　划：　胡维革　　吴铁光
　　　　　林　巍　　冯子龙
主　编：　胡维革　　邢万生
副主编：　贾淑文　　谷艳秋
编　委：　（按姓氏笔画为序）
　　　　　于二辉　　刘士琳
　　　　　刘文辉　　孙建军
　　　　　李艳萍　　吴兰萍
　　　　　杨九屹　　隋　军

亚历山大大帝，不仅是古希腊历史上最出类拔萃的军事家和政治家之一，也是世界古代历史上最富有传奇色彩的"英雄"人物之一。

　　亚历山大作为传奇式的"英雄"，在西方几乎家喻户晓，人人皆知。军事家崇拜他的雄才大略，将他写入军事史；政治家仰慕他的足智多谋，将他载入古代著名帝王之列；文学家喜爱他充满传奇浪漫色彩的人生经历，对他加以渲染和夸张；史学家乐于总结他人生的得失与事业上的成败，为他树碑立传，歌功颂德；就连民间故事家，也以亚历山大事迹为题材，行吟说唱。

　　古往今来，对亚历山大的评价史不绝书。古埃及人崇拜他是"太阳神之子"，古波斯人恭维他是"亚洲之王"，亚历山大则自称是世界上的"王中之王"。

目　录

历史的丰碑丛书

足智多谋

一个人用知识武装起来，就可能使其出类拔萃。

——巴斯德

书籍是人类进步的阶梯。

——高尔基

亚历山大是古希腊马其顿国王腓力二世的儿子，公元前356年生于马其顿王国都城培拉。他的父亲既

→腓力二世

是一位有野心、有胆识、有谋略、有文武之才的军事家、政治家，又是"历史上罕见的关心继承人的君主之一"。他深知文武之道，懂得征服世界不仅要有枪杆子，还要有笔杆子，有了这两杆子就可以打天

← 古希腊帕提农神庙

下。坐天下的道理。

腓力二世喜得贵子那一年，正值26岁。那时，野心使他流连疆场，追求已使他事业有成。他积极地谋求并编织着称霸希腊的美梦，同时也把一切希望寄托在幼子亚历山大身上。为了使亚历山大长大成人，培养和造就出无愧于帝王之家的苗裔，成为他称心如意的接班人。他竭尽全力，不惜人力、物力和财力，为亚历山大成才创造优越的条件。

腓力二世不惜重金，专门为亚历山大请来了希腊"第一个博学多才""百科全书式科学家"亚里士多德为其家庭教师，教习亚历山大学习哲学、伦理学、植物学、动物学、地理学、医学、逻辑学等光辉灿烂丰

富多彩的知识。使亚历山大自幼在希腊文化的教养下，才思并进，聪明过人。正如后人所指出的那样："世上的君主很少像亚历山大那样，曾为统治帝国而受过专门的教育"，"他的才智超乎常人之上，这是无可争辩的"。

腓力二世注重亚历山大的成长，还表现在他亲自教育儿子学习军事战略战术和传授统治经验方面。腓力二世让亚历山大观看军事操练，给儿子讲述战争的故事，宣传杀敌立功的英雄，教育儿子关心国家大事认真学习军事战略战术。亚历山大对学习军事尤为上心，他把父王作为他心目中的军人偶像，追求功名，追求出人头地，追求一举成名。渐渐地亚历山大已醉心于兵法了。他梦寐以求的就是将来成为一名威武的统帅，不可一世的英雄，世界的霸主。

腓力二世注重

→亚历山大塑像

← 古希腊城邦马其顿王国遗址

在实践中培养亚历山大的政治、军事才能。有意识、有目的地让亚历山大在实践中经受锻炼和积累经验。在政治上，腓力二世竭力维护亚历山大王子的地位，号令臣僚全辅佐王子，促其成长，让年仅十几岁的王子参与国家大事的决策并委以重任，让其在实践中增长才干。亚历山大16岁时，受父王之命，在父王外出远征的情况下，留守马其顿治理国家，并亲自平定了国内反叛分子发动的起义。一个年仅16岁的少年，竟能如此堪当重任，其才能绝非常人所能想象。

在军事上，腓力二世除了言传身教外，还经常让亚历山大跟随在他的左右，领兵见阵，参与其中。在亚历山大18岁那年。腓力二世就委任他为格罗尼亚战役的副统帅，指挥马其顿左翼部队。亚历山大不仅率先取胜，还为赢得这场战役的全胜立下了赫赫战功，令腓力二世由衷地喜悦。

聪明好学的亚历山大，在得天独厚的社会与家庭条件下，一种特别的优越感，使他自幼就表现出与众不同的倔强性格：崇拜英雄、争强好胜、看重功名、目空一切、野心勃勃。

→亚历山大（壁画）

亚历山大爱读书，尤其爱读历史书。在他所看过的书籍中，他最爱读的就是相传由盲诗人荷马所作的《荷马史诗》。

《荷马史诗》这部流传千古的世界名著，以其鲜明的主题，即爱国主义和英雄主义深深地吸引了包括亚历山大在内的无数读者。亚历山大对《荷马史诗》的热爱达到了如醉如痴的程度。他几乎整天手不释卷，即使晚上睡觉也要把书放在枕头底下，谁也不知道他究竟看过多少遍，对感兴趣的内容，他能一字不差地大段大段地背下来。他津津乐道《荷马史诗》，从中吸取精神力量和文化知识。可以说，《荷马史诗》是伴随他一生的重要文化典籍。即使后来他从军征战，转战南北，也都一直把《荷马史诗》带在身边。

亚历山大自幼崇拜英雄人物。在他幼小的心灵中逐渐形成了向往英雄、追求成为英雄的心理。他对《荷马史诗》中的英雄阿溪里佩服得五体投地。他非常羡慕阿溪里所使用的兵器和戎装，佩服阿溪里作为将军的气质和勇敢，崇拜阿溪里为希腊联军取得特洛耶战争胜利的大无畏献身精神。他也曾多次表白，将来一定要成为一名像阿溪里那样的受人尊敬的无敌常胜

← 盲人诗人荷马在唱诗

腓力二世的金质王冠，此后由亚历山大继承佩戴。

将军。

亚历山大争强好胜，冒险精神十足。每每遇事，多有不服气，总想超出常人，人前显胜，唯我独尊。那种强烈的进取意识，非一般人所能比拟。而这种气质，他自幼就表现得十分明显。

一次，其父王和同僚们正在校军场观看驯马。只见一匹叫"布彻法尔"的烈性野马，凭着它肩宽背厚，腿粗腰圆，和天然无束的野性，肆意逞虐，不可一世，使驯马军士很难靠近它，稍一接近，它不是咬就是踢、咆哮嘶鸣，令人望而生畏，使驯马军士一筹莫展。腓力二世也为不能尽快驯服这匹野马而闷闷不乐。正在此时，早已躲在校军场外偷看驯马的亚历山大，再也按捺不住个性的冲动，突然从校军场的一角发出轻蔑的喊声："好端端的一匹马，眼看就要被你们糟蹋了！"闻听此话，腓力二世及在场军士无不感到震惊和气愤。他们还未转过神来时，一个男童大模大样地朝腓力二世及军士们走来。当大家认出他是王子时，在场的人无不感到惊奇和突然。亚历山大竟恳切地请求父王让他来驯这匹马。亚历山大还不住地给将士们递眼色，祈求得到他们的支持。父王虽然显得很生气，但还是念他年幼无知，饶了他的无礼和鲁莽，责令他立刻离开校军场。可亚历山大却执拗不从，非要试上一试。将士们揣测到腓力二世内心一定对儿子的胆量很赏识，便好言相劝腓力二世王，让亚历山大驯马。腓力二世听信了将士们的劝说和安排，索性答应了他的请求。

只见亚历山大从容不迫地从军士手中接过马的缰绳，将马头朝向太阳，纵身一跃，骑上马背。"布彻法尔"烈马顿时暴跳如雷，千方百计欲将他从背上掀下去。如此折腾了好一会儿，仍不能奏效，便长鸣一声，四蹄蹬开如腾云驾雾一般，漫无目标地飞奔而去……腓力二世以及在场将士无不为亚历山大捏着一把汗。

当亚历山大骑马返回校军场时，连人带马如同水洗过一般，蒸蒸热气徐徐上升。暴躁的烈马乖乖地屈

服了。此时的亚历山大，疲惫中带着喜悦，自豪中带着傲气。

腓力二世看到儿子安然无恙地回来了，烈马也被驯服了，悬着的那颗心才算放下来，内心充满了无比的赞赏和喜悦。在场的将士们，无不交口称赞王子的胆量和气魄。腓力二世闻听赞美之言，自是乐不胜收。

亚历山大重功名，从不满足现状，自然对尚无寸功可立的青少年时代感到不满，对父王腓力二世频频征城夺地、开疆掠土、屡建军功心存妒忌。据说，每当他获悉父王胜利的捷报时就发愁，唯恐自己会因而不能享受到征服世界的光荣。有一次，他竟十分认真地要求父王不要太快把敌人讨伐干净，要留下一些仗给他打。正如希腊传记作家普鲁塔克所记载的那样：亚历山大对同辈人多次表露过，"朋友们，父亲在先得到了一切，而没有给我留下与你们一起完成任何丰功伟绩的可能性。"腓力二世王对儿子有如此功名心和远大志向，深感欢心。

当有人问亚历山大想不想参加奥林匹亚竞技比赛时，他半认真半开玩笑地说："如果有能同我赛跑的国王，我会参加的"。亚历山大看中的是王冠，是权柄，是将来称霸世界，他不在乎去争夺一项用橄榄枝编成的桂冠。他要得到的是一步一步实现其政治野心，先是马其顿王位，继之是希腊盟主，最后是尽可能地征服和统治全世界。

亚历山大十分自信，往往目空一切。他想干的事情别人几乎无法阻止他。他不想干的事情，也无人能说服他去干。就连他的老师亚里士多德对他也是无可奈何。他总是千方百计地去想方设法超过别人。

亚历山大善于骑射，精通兵法战术。好饮酒，举事果断，一表人才，雄才大略。他一生不甘寂寞，好大喜功。有声有色的人生经历，使他成为历史上少有的"奇人"。

←亚历山大塑像

相关链接
XIANGGUAN LIANJIE

亚历山大的早年经历

亚历山大，公元前356年7月20日出生在马其顿首都派拉，由于母亲奥林匹娅斯的个性专横独断又神秘，甚至喜欢与蛇共眠，这使她很令腓力二世厌弃，但她对儿子亚历山大的影响非常大，远征期间的亚历山大常常会写信给母亲叙述见闻。因为当时在马其顿的谣言和后来阿蒙神谕的显示，当时记载普遍相信亚历山大是天神宙斯之子，在亚历山大出世之前，奥林匹娅斯梦见雷电，而派拉市区则有一座女神殿失火焚毁，附近人心惶惶，几个占卜师都说是大灾难来临的前兆，此时有一人却说："女神殿的焚毁日，已有一个男孩在同日诞生，此人以后将要灭亡全亚洲。"

据普鲁塔克记载，公元前344年，一名色萨利的卖马人带来了一匹价值千金的骏马，腓力二世的所有最优秀的驯马人都试图驯服它，但都失败了。小亚历山大向他的父亲声称，如果他自己能驯服，就要求他的父亲将这匹马作为礼物送给他。

亚历山大首先将马头牵往背向阳光的一边，然后轻轻地抚摸，培养信任感，然后翻身上马，骑着马奔向远方。原来，亚历山大用他那明锐的洞察力发现，这匹马害怕看见自己的影子，于是便利用这一点驯服了它。最后，他给那匹马起名为布塞法洛斯。当亚历山大骑着马回来的时候，腓力二世兴奋得热泪盈眶并说道："我的儿子，找一个适合你的王国吧，马其顿太小了。"

亚历山大的成长受荷马的《伊利亚特》及其人物阿基里斯和传说人物海格力斯影响很大（亚历山

← 亚里士多德对荷马的冥想

马其顿的亚历山大塑像

大的父辈和母辈分别为海格力斯和阿基里斯的后代)。亚历山大的启蒙教育是由他母亲的近亲莱昂尼达斯和阿卡纳尼亚人莱西马库斯负责的，前者更为关键，他培养了小亚历山大坚忍和节制的性格，为亚历山大的成长开了个好头。后来，为了让桀骜不驯的亚历山大获得更多的教育及引导，腓力二世聘请了希腊哲学家亚里士多德作为他和其他马其顿王国贵族子弟的导师。亚里士多德对亚历山大进行了良好的口才和文学训练，并且激发了他对科学、医学和哲学的兴趣。所以，亚历山大在童年时就显示了在文艺和骑射方面的才华。

初露锋芒

> 人的心应该成为世界上最深的海，人的志应该成为世界上最高的山。
>
> ——无名氏
>
> 英雄造时势，时势造英雄。
>
> ——拿破仑

从16岁开始，亚历山大就追随其父王腓力二世从事军政活动。他渴望能跟父亲一起驰骋疆场，夺取战功，分享胜利的喜悦。更渴望早日建功立业，与父王比试高低，继承王位。

← 亚历山大塑像

　　"养兵千日，用兵一时"。随着马其顿的强大，和染指希腊时机的成熟，"最伟大的将领"亚历山大终于有了展示他军政才华的机会。正如史学家阿里安在其《亚历山大远征记》一书中所指出的："亚历山大和他本人的成就完全是他本人和他的历史造成的。"

　　马其顿王国是一个后兴起的希腊奴隶制国家。处于历史发展上升阶段，世界环境对它十分有利。在欧洲方面，繁荣昌盛一时的南部希腊各邦，经过历时27年的全面内战——伯罗奔尼撒战争的严重打击，无论是以雅典为首的提洛同盟，还是以斯巴达为首的伯罗奔尼撒同盟，均已两败俱伤。无论是胜利的城邦，还是失败了的城邦，均处于动荡时期，走上了衰败的道路。激烈的阶级斗争，致使南部希腊各邦分化加剧，企图以某一大国来控制局面

→伯罗奔尼撒战争

的种种尝试，在无情的事实面前，一一被击得粉碎。各邦在激烈的矛盾斗争中，已是自身难保，而敌对之邦的相互攻伐和彼此破坏，致使南部希腊城邦更是乱上加乱，雪上加霜，根本无力顾及马其顿的崛起和强大。

← 腓力二世塑像

　　在东方世界，文明已久的古代埃及、两河流域、古代波斯，古代印度等庞然大国，早已从兴邦建国的大征服时代转入了定居的农业生产生活方式。权力争夺诱发的王位之争，已使最高统治者把主要注意力放在了国内，放在了维护王权，镇压人民反抗方面。而东方各国之间，也是各怀心腹事，面和心不和，缺乏必要的联合和团结抗敌意识。特别是波斯，已在希波战争中大伤元气。国内民族矛盾和阶级矛盾交织在一起，宫廷阴谋迭出，皇帝几乎一夜三易住地，唯恐被政敌暗害，又哪有什么力量和兴趣顾及马其顿的强大。这就为马其顿大举用兵，征服希腊，进而征服东方，实现统治全世界的野心提供了千载难逢的好机会。

　　而马其顿的强大，则取决于腓力二世这位有胆识、有野心、有才能的政治、军事家。腓力二世年轻时曾作为人质被送往希腊的底比斯，住在民主派领袖伊巴密浓达家里，受到希腊文化的熏陶和教育。他回国执政后，抓住机遇，大刀阔斧地进行了政治、军事和经济改革。

　　在政治方面：腓力二世废除了军事首长的权力，控制了贵族会议，加强了中央集权；在军事方面：他废除了部落兵制，实行招募制，建立起一支常备军，还在学习底比斯"楔形方阵"的基础上，创建了举世闻名的马其顿方阵；在经济方面：他改革货币，实行金银复本位制，即同时以金属金和银为本位的货币制度，从而促进了马其顿与希腊各邦及波斯的经济往来。经过腓力二世的改革，马其顿由此逐步强大起来。

　　腓力二世的野心远不止在强国上，而更为重要的是在征服希腊城邦

↑银币上的腓力二世像

← 马其顿王国骑兵

上。他要做整个希腊的霸主。他为此积蓄力量，寻找战机。乘希腊城邦衰落之际，采取蚕食鲸吞的策略，占领并巩固了爱琴海沿岸。他还以所谓接受南部希腊亲马其顿派的邀请之名义，出兵南希腊，并趁机扩张势力，占领了北希腊和中希腊的一些城市。对于腓力二世的所作所为，希腊各邦经过理论纷争之后，采取了一次大规模的军事行动。

亲马其顿派，把马其顿的强大视为"救星"，把腓力二世看做可以拯救希腊的"恩人"，并企图通过马其顿来保护大奴隶主、大地主的切身利益，镇压人民反抗、维护并巩固奴隶制度。

反马其顿派，则把马其顿的强大看做是南部希腊城邦的一场灾难，把腓力二世视为"蛮人""僭主"

"暴君"，并把马其顿出兵干涉希腊城邦事务看做是希腊城邦濒临灭亡的险恶步骤，斥责亲马其顿派人士，是希腊城邦的"蛀虫"、民族的"败类"，是引狼入室的"内奸"。著名政治演说家、社会活动家、反马其顿的坚定战士德谟斯提尼在其《反腓力二世》的著名演讲中，一针见血地揭露腓力二世，"援助"希腊城邦摆脱危机是假，蓄意侵占希腊各邦才是真正目的。他大声疾呼："目前的局势已达到了高度危机，但是还有可能制止马其顿的挺进。当雅典的船尚未覆灭之时，舟中人无论大小都应动手救亡。"假如仍看不清腓力二世的险恶用心，坐视不救，袖手旁观，就是纵容马其顿的入侵，置城邦民族利益于不顾，其后果不堪设想。

→马其顿王国遗址

势必会导致"窒息希腊的独立、自由和文化的最后余焰"。"马其顿王无论对希腊或是对希腊文化都是毫无关系的……"不让马其顿为所欲为,切实可行的,当是用武力抗击马其顿,以捍卫希腊城邦的独立、自由和民主文化。

反马其顿派的大力宣传,及其为抗击马其顿所做出的种种努力,在很大程度上促进了希腊城邦联合抗击马其顿的进程,遂有雅典和底比斯联军开赴中希腊反马其顿前线。一场你死我活、穷杀恶斗、决定命运、意义深远,关系到希腊城邦生死存亡的战争势所难免。

腓力二世为赢得这场征服希腊道路上的决定性的战役——喀罗尼亚战役,做好了一切必要的准备。

公元前338年8月,在彼奥提亚边境的格罗尼亚,以雅典为首的希腊联军与腓力二世统率的马其顿军队展开了一场空前的厮杀。在这次战役中,年仅18岁的亚历山大被其父王任命为副统帅,指挥左翼;腓力二世自为统帅,指挥右翼部队,采取步兵正面临敌,两翼骑兵包抄的战略战术,战争开始后,亚历山大沉着冷静,指挥若定。利用雅典底比斯联军集中兵力攻击马其顿右翼的战机,迅速带领骑兵从侧面出击。他率先垂范,一面冲杀,一面指挥作战。给底比斯"神圣军团"以致命的打击。随后,他立即率领骑兵队援助

已陷入困境的右翼部队，与父王兵合一处，攻击敌人。
在战斗过程中，亚历山大还帮助其父王把马其顿方阵
改造成具有极大战斗力的阵形。即"方阵从外观看呈
四方形，核心是重装的步兵，纵深常常是16–20排，
战士手执着锐利的长矛，最长的长达5米。方阵的排

→亚历山大塑像

越深，矛越长；方阵后几排的战士把自己的长矛架在前几排战士的肩上。这样，方阵前面就形成长矛如林，锐不可当"的阵势。在方阵两翼配有精锐武器装备的骑兵，骑兵之外，配备有弓箭手。从而，形成整体兵种合力。可攻亦可守。根据临战需要，还可以通过变换方阵队形，应付复杂局面，发挥自身优势，达到保护自己、消灭敌人的军事目的。亚历山大还把用于攻城用的石弩、擂石器等原始发射武器配给步兵，形成"炮兵配备"。这种原始意义的"炮兵"，构成了今天"战争之神"——炮兵的雏形，从而大大提高了步兵的战斗力和杀伤力。

在亚历山大出色地指挥、配合作战的情况下，腓力二世一举赢得了喀罗尼亚战役的彻底胜利。血与火的考验，充分显示了亚历山大天才的军事指挥才能和组织才能。被恩格斯称为"历代最优秀的骑兵指挥官之一"。

喀罗尼亚战役的胜利，为马其顿称雄希腊奠定了政治、军事基础。据说，战役结束后，疲惫不堪的腓力二世，不顾自身的劳累，也不忙于打扫战场，而是急切地想见到亚历山大。父子相见后，腓力二世老泪横流。拉着亚历山大的双手，投以赞赏的目光，似乎有许多话要说，但一句也没有说出来。此时此刻，亚历山大却显得很自豪、很得意。

一举扬名的亚历山大，受到马其顿乃至整个希腊社会的瞩目。亚历山大本人通过实战胜利的鼓舞，自我意识进一步增强。他野心滋长，依仗战功，跃跃欲试。腓力二世对此心存警戒。在父子亲昵的背后，已产生了思想追求上的分歧。腓力二世并不想过早地交出统治权，让亚历山大继位。因为，腓力二世既定的扩张计划还远没有实现。

公元前337年，腓力二世在希腊科林斯城邦召开了泛希腊会议（只有斯巴达没参加）。会上通过了所有希腊各邦与马其顿订立的"永久和平与同盟"的决议。

科林斯会议的召开，标志着希腊古典时代的结束，希腊各邦已名存实亡。在马其顿政权之下的希腊已成为统一的希腊。马其顿已成为事实上的希腊盟主。正如恩格斯所指出的"腓力二世和亚历山大使希腊半岛具有政治的统一……"

正当腓力二世欲远征东方之时，一件意想不到的可怕事件，灾难般地降临在腓力二世的头上。正如俗语所说："天有不测风云，人有旦夕祸福。"

公元前336年，腓力二世在参加庆祝其女儿婚礼的宴会上被刺客所杀害，年仅46岁。（一说是波斯派刺客所为）

腓力二世不幸被杀的消息不胫而走，震惊了包括马其顿在内的整个希腊世界。在希腊范围内，引发了

←腓力二世遇刺

一起起政治风波。马其顿阴谋叛乱的贵族欲趁机夺取王权；南部希腊各邦民主势力再度死灰复燃，企图趁马其顿"内乱"摆脱其控制，恢复城邦的独立和自由。一时局势变得相当严峻紧张，各种复杂的矛盾交织在一起。能否稳定局势，巩固王权统治，成为对刚刚继承王位，年仅20岁，被人称为"小孩儿"的亚历山大面对的严峻考验。

亚历山大面对险恶的形势毫不犹豫。他刚毅果敢，智谋善断。凭着武力迅速消灭了窥视王权的竞争者以及阴谋贵族势力，接着挥师南下，强迫希腊各邦向他宣誓效忠，再一次把整个希腊掌握在马其顿手中。他仿效父王腓力二世的做法，也在科林斯召开了全希腊大会，重新确立了马其顿对希腊各邦的领导权和霸主地位。这个被人瞧不起的"小孩儿"亚历山大，一举变成了威风凛凛，无往而不胜，顶天立地的政治军事强人，马其顿最年轻有为的君主。

从希腊返回马其顿之后，亚历山大又率兵前去征讨反马其顿的色里斯、伊利里亚部落。亚历山大在征战中负了伤，希腊借机谣传亚历山大死了。这样，底比斯城邦借机发动了新的起义。亚历山大不顾身体的伤痛，即率兵征剿底比斯，把它夷为平地，变成一堆瓦砾废墟，把底比斯全城居民变卖为奴隶，再一次显示了他政治上、军事上的霸道、果敢。

　　亚历山大虽贵为希腊霸主，但他却不愿坐享其成；虽然可以不必再鞍马劳顿，就可荣华富贵一生，但他却好大喜功，追求戎马军功。他要在马其顿国王的宝座上，惊天动地干一番前无古人，后无来者的大事业。他时刻铭记着父王未竟的愿望，反复思考如何取得东征的成功。用亚历山大自己的话说，他要把想成为"亚洲之王"的美梦变成现实。为此，一个更为远大而又深远的远征计划，在头脑中形成。一切为此而做的准备工作，在亚历山大的统一安排下紧张而有秩序地进行着。有关亚历山大冒险远征的计划能否成功，当时就有许多不同的看法，而历史发展的铁的事实，不仅结束了"空议"之争，也证实了亚历山大的雄才大略。

← 亚历山大塑像

相关链接
XIANGGUAN LIANJIE

宝剑锋从磨砺出

公元前340年，腓力二世着手远征拜占庭，他觉得是时候让亚历山大锻炼一下了，于是他留下16岁的亚历山大在马其顿主持国政。亚历山大在这期间并非无所事事，因为腓力二世的离开使得马其顿原本不稳定的北部边境出现了密底人的叛乱。亚历山大初次上阵就展现了他的军事天赋，大败敌人，一直进军到他们的城市，驱散了当地

→亚历山大塑像

→马其顿王国骑兵

人，重新组织移民，并且将那里重新命名为亚历山大波利斯。公元前339年，亚历山大又参与了他父亲发起的北方战役，占领了出尔反尔的西徐亚人的领地。在这一系列的征战中，亚历山大学习、掌握到了相关的军事知识。

　　真正的挑战发生在公元前338年，这一年，由于腓力二世在拜占庭的受挫，希腊城邦中产生了反马其顿的大叛乱，为此雅典和底比斯两大城邦结成了同盟，准备随时对抗腓力二世。腓力二世不可能漠视这个行动，于是双方展开了一场决定希腊命运的战役——喀罗尼亚战役。在这次战役中，亚历山大发挥了极其重要的作用。作为联军的左翼总指挥，亚历山大瞅准时机，果断突入联军的缝隙，全歼了闻名希腊的最强战队——底比斯圣队，并且从其背后直接打击了敌人，致使马其顿人获得了极为关键的胜利。此年亚历山大才18岁，而他的天才却显露无疑，从此亚历山大的时代来临了。

亚历山大塑像

建功立业

走自己的路，让人家去说吧！

——但丁

奇迹多在厄运中出现的。

——培根

在稳定了希腊统治秩序之后，亚历山大着手实施他远征东方的庞大计划。经过两年的精心准备，他便带领有限的兵力，离开希腊，开始了他人生道路上冒险传奇、建功立业的最辉煌时期。

公元前334年春，22岁的亚历山大仅率领3万步兵，5000骑兵，160艘战船从马其顿启程，拉开了他东征的序幕。

亚历山大的东征是希马联盟（希腊—马其顿）对波斯阿契美尼德王朝进行的一系列战争。亚历山大进行东征是为了迎合希腊和马其顿奴隶主的意图，把劲敌从地中海和小亚细亚地区排挤出去，并通过征服新的殖民地来缓和希腊各城邦国家之间的矛盾。

公元前4世纪，马其顿国征服希腊各邦。公元前

一年轻的亚历山大开始东征

334年，马其顿王亚历山大率军进攻波斯，开始了一系列的东征。历经10年，经过伊苏斯之战、高加米拉战役、吉达斯普河战役，亚历山大征服了波斯、埃及、小亚细亚以及两河流域，最终建起地跨欧、亚、非三洲的亚历山大帝国。

亚历山大东征的主要对象，是外强中干的波斯帝国。此时，波斯帝国正处于风雨飘摇的衰败时期。大流士三世皇帝的统治地位已不很巩固。他胸无大志，耽于淫乐，贪生怕死，庸弱无能。貌似强大的波斯，其官僚机构和军事机构内部存在着令人难以置信的贪污，宫廷阴谋迭出，各地反抗屡屡发生，早已是外强中干的泥足巨人，不堪一击了。

亚历山大东征的主要借口是，波斯人在希波战争中曾蹂躏过希腊圣地雅典，后又派人行刺了腓力二世王。此次东征既为报国仇，又为报家仇。

据说，在亚历山大出征前，曾把他所有的土地和财宝都赠赐给部下。其中，有一位将领疑惑不解地询问亚历山大："陛下，您把全部财产都分掉了，那把什么留给自己呢？"亚历山大毫不犹豫地告诉他，"我把希望留给自己，它将给我无穷的财富。"

在亚历山大看来，"希望"二字值千金。"希望"是人生追求的风帆，是前进道路上的发动机和加速器。没有希望，就没有追求；没有追求，就没有获得。有了希望，就可以点燃起人生追求的火把，照亮前进的道路，收获为之努力所应得的成果。一旦希望变成现

← 波斯帝国遗址

→马其顿步兵

实之后，又会产生新的希望，追求更高的目标。一个人是这样，一个国家，一个民族又何尝不是如此！亚历山大把财富分赐给部下，是希望部下为他效忠尽力。他舍其已有的财富，满怀希望，是追求无限的东方财富，充当世界的霸主。

　　据说，亚历山大率领人马到达亚洲大陆所做的第一件事，是抽宝剑斩"神结"，应神谕，立誓要做亚洲王。传说戈尔迪王有一辆著名的战车，他做了国王后，就把这辆车放在宙斯的神庙里献给了宙斯。他用树皮绳打成最复杂的结，把车轭紧紧地系在车辕上，牢固得令人无法解开，连结头和结尾都无从查找，完全成了一个死疙瘩，史称"戈尔迪之结"。据神示所说，谁能解开这个复杂的结，谁就可以统治整个亚洲。

　　亚历山大详细查看了"神结"，虽自知无法解开，却暗自讥笑曾试图打开神结之人的迂腐。他端详片刻，假装一筹莫展。突然抽出宝剑，只见手起刀落，神结一分为二。"斩断戈尔迪之结"便成了一句谚语，比喻用大刀阔斧的办法果断地解决某个复杂困难的问题。这件事，不仅显示了亚历山大的聪明才智，更重要的是它大大鼓舞了远征军士的士气，也为亚历山大在亚洲所取得的每一次军事胜利，披上了神秘的外衣。因为，亚历山大解开了神结，理所当然地是神谕所说的亚洲王。

公元前334年，马其顿军与波斯军在赫勒斯滂对岸，格拉尼库河附近相遇，并展开第一次大会战。结果，亚历山大旗开得胜，大败波斯军。极大地鼓舞了

← 波斯武士

远征军的士气。公元前 333 年，亚历山大在叙利亚的伊苏斯附近，与波斯大流士三世皇帝率领的 60 万大军展开了第二次大会战。亚历山大以其重装方阵和重装骑兵直取大流士三世的统帅部。大流士三世这个意志薄弱、庸碌无能的统帅，当看到亚历山大率领的精锐骑兵势不可挡地向他冲杀过来时，惊慌失措，丢弃手中武器和皇袍，弃阵而逃。波斯军得知皇帝已逃，军心大乱，无心进取，被亚历山大军队打得一败涂地。亚历山大不仅缴获了大批武器、财宝，还俘获了大流士三世的母亲、妻子和他的两个女儿。据说，当他走进大流士三世指挥战斗的豪华营帐时，战利品之多令他惊讶不已！他惊叹地说："这样才像个国王。"

公元前 331 年 10 月 1 日，一场具有深远历史意义，

→ 大流士三世

亚历山大与大流士三世的军队作战（电影剧照）

对马其顿和波斯帝国都有决定命运作用的第三次生死大搏斗，在两河流域的尼尼微城附近——高加美拉村摆开了战场。

在高加美拉战役未爆发之前，波斯大流士三世皇帝，曾试图用局部利益换取与亚历山大的和平。他派出使者，提出用1万塔连特赔款，赎回他的母亲、妻子和女儿，并答应把他的一个女儿嫁给亚历山大；割让幼发拉底河以西到爱琴海的全部土地给马其顿。大流士三世手下的老将帕曼纽认为，有这么宽厚的条件，定会使亚历山大欣然同意。用屈辱换和平，他认为这样做是值得的，他甚至表白，如果我是亚历山大，我就会接受这些条件，停止战争，不再冒险。

然而，亚历山大对此却嗤之以鼻。回答说："如果他就是帕曼纽，他当然会这么办，但是他是亚历山大，这些建议不能使他满意。"亚历山大盛气凌人地告诉大流士三世，他不需要波斯议和所开价的钱，也不需要波斯议和所划拨的部分国土，他要的是整个波斯的江山。大流士三世闻听此话，忍无可忍。决心与亚历山大一决雌雄，遂有高加美拉战争的爆发。

据史书记载，大流士三世集结了来自24个部族的8万多人，动员了一切能够参战的武装力量，包括200辆装有锋利刀剑的战车。号称"百万大军"，可谓是孤注一掷，做了最后拼命的打算。亚历山大有7000骑兵和4万步兵。从整体力量对比上，波斯远远强大于亚历山大。

战争开始后，大流士三世求胜心切。首先发动进攻，企图用装备精良的战车冲垮亚历山大的方阵。但是，马其顿人则采取避实就虚的对策，主动让开一条战车冲杀之路，将步兵退到战车两侧，用弓箭手的万弩齐发来粉碎波斯战车的进攻。继之，亚历山大乘机率领右翼精锐骑兵，猛烈向波斯军左翼发动强攻。致使波斯军阵大乱，死伤无数，首尾难顾。人数上的优势变成了战役上的劣势。被大流士三世强征来参战的军士，不肯为他卖命，趁乱之机，走的走，逃的逃，战场一片混乱，败势已成定局。大流士三世见大事不妙，便重演了伊苏斯的悲剧，在其卫队的掩护下，匆忙逃往米底。亚历山大指挥军队越战越勇，终于取得了这场灭亡波斯的决定性胜利。据说，波斯阵亡者达10万以上。从此，波斯有生力量已消耗殆尽。大流士三世再也无力重整旗鼓与亚历山大较量了。

亚历山大派人追杀大流士三世，还未等追到，大流士三世已被巴克特里亚总督比索斯所害。至此，历时几百年，伊朗高原上的波斯阿黑门尼德王朝宣告终结。亚历山大占领了波斯王宫并行使了对波斯的统治权。在这里掠夺的财富，若想运往马其顿，所需运力就得1000头骡子，3000头骆驼。他还娶了大流士三世的女儿为妻，自称为"全亚洲的统治者"。

年仅24岁的亚历山大被誉为法老，并称之为太阳神阿蒙之子，他彻底征服了波斯帝国。

亚历山大具有卓越的政治谋略和军事才能，但是他的对手大流士三世也是一位百年难遇的庸帅。在四大战役之一的伊苏斯战役中，大流士三世不识地理，不明敌情，率领波斯大军在狭长山地与马其顿军展开决战，致使骑兵和弓箭基本上不能发挥应有的作用，以己之短，对敌之长，犯了兵家大忌。在大流士三世两次亲征的重大战役里，都是在两军酣战之际，率先怯逃。大流士两次逃跑的时间都是两军决战最关键的阶段，波斯军队虽然难以抵抗对方的进攻，但依然可以坚持战斗，而且两次战役里右翼都曾取得主动。主帅的逃跑遂使波斯军队局部取得的胜利，立时化为乌有。反观亚历山大，每次战斗均能身先士卒，冲锋在前。无论是在军事才能方面，还是在个人武勇精神和领袖素质方面，双方统帅可谓泾渭分明，高下立分。真是主帅无能，葬送三军。拿破仑说过，"绝不做敌人希望你做的事——这是一条确定不移的战争格言。理由很简单，因为敌人希望你做"。可是，大流士三世和波斯人却偏偏这么做了。

亚历山大征服了波斯，灭亡了波斯。可以说他要报国仇家仇的愿望已实现了。足可以鸣金收兵，凯旋班师了。然而，亚历山大不但没有就此而止。而是由此开始了以后一系列的征战。

亚历山大不战而降小亚细亚沿岸的希腊各城邦，使其在波斯的统治下摆脱了出来。他允许这些顺服的城邦以独立自治，并免除其贡赋。这些希腊城邦深感摆脱波斯奴役的重要，深感自由独立的珍贵。由此，他们由衷地感激亚历山大，把亚历山大称为"解放者"。

亚历山大在两河流域，几乎没有遇到抵抗就占领了巴比伦等城池。只有推罗城拒不降服，进行反抗。亚历山大动用了所有的攻城武器，经过7个月的围攻，推罗城终于陷落了。

公元前332年，亚历山大挥师进入埃及。当时"波斯驻埃及总督马扎凯斯听到大流士三世败逃的消

→亚历山大在埃及

→征战中的亚历山大（电影剧照）

息，知道大势已去，双手把埃及奉献给亚历山大。"亚历山大进驻埃及后，任命了两名埃及人为政府首脑，将军事大权和财政大权交给了马其顿人和希腊人掌管。他表示尊重埃及的宗教信仰和风俗习惯，不辞辛苦，还专程拜谒了位于底比斯的阿蒙神庙祭司。受宠若惊的阿蒙神庙祭司对此感恩戴德，当即宣布亚历山大是埃及太阳神阿蒙的儿子（太阳神之子），埃及法老（即国王）的合法继承人。亚历山大又唾手获得了一个新的头衔——埃及法老。

亚历山大从埃及出发，转战于中亚细亚。在平息了当地人的反抗之后，结束了对中亚的征服活动。

公元前327年夏，亚历山大率军越过开伯尔山口，进入印度河流域。他采取各个击破的策略，利用印度内部分散不团结，彼此矛盾，明哲保身的弱点，采取拉拢一个或几个小城邦上层人物去打另一个小邦的做法，很快就占领了印度河西岸的一些小国。在印度河流域作战中，亚历山大第一次遇到了动物参战——即印度人用大象参战。

亚历山大在印度河流域站稳了脚跟之后，即筹划向恒河流域扩张。但当他深入印度腹地时，却遇到了许多麻烦。印度河谷崎岖不平的地形，印度庞大的"象军"、南亚炎热多雨的气候、热带流行疫病的困扰，使马其顿方阵无法施展其特长。更令亚历山大头痛的

← 亚历山大在印度

是，他长年率领下的士兵已厌倦了无休止的征战。在"马其顿人看来，他们的国王所进行的事业，只不过是一个苦差事紧接着一个苦差事，冒完一次险又冒另一次险。他们的情绪早已开始下降了。营地里士兵三五成群，对他们眼下的遭遇叫苦连天。有些人甚至理直气壮地表示不干了，即使亚历山大要带我们去干，也不干"。尽管，亚历山大用现身说法规劝其士兵随他征战，"我和你们是苦累同受，祸患同当，福禄同享。因为所占的土地都是你们的，是你们在各处当总督或督办，大部分财宝也是到了你们手里"。但是，士兵们确已厌倦了。有不少士兵死于亚洲战场，也有不少士兵在印度染上了热带病。战争的胜利已无法代替士兵思乡念亲的情绪和孤苦凄凉的在外遭遇。正如其中的一个士兵所说："因为我们这些人得到了比别人高的荣誉，多数也都已经得到了我们所付出的劳累的报酬，而且我们有权有势。……当年出发时浩浩荡荡的大军如今已为数有限了，而就是剩下来的这些人，当年的体力也都已丧失，旧日的精神则更是消磨殆尽。这些人，没有一个人不在想念他们的爹娘——如果他们的爹娘还在世的话；没有一个人不在想念他们的妻子和儿女；甚至没有一个人不怀念他们自己的祖国。渴望能回去再看一眼。带着您（指亚历山大）给他们的财宝，像个有钱的人，而不像过去的穷光蛋那样回去，像个大人物，而不像过去的小百姓那样回去，这是人之常情，应该体谅。"士兵们还劝告亚历山大多关心点希腊本土的事情，"最好您本人也回您自己的家，看看您的母亲"。在万般无奈的情况下，亚历山大不得不从印度撤兵，于公元前324年返回巴比伦。

在十多年的征战戎马生涯中，亚历山大本人也历尽了千辛万苦。他与他的士兵尝尽了人间酸甜苦辣，体验到了与亲人分离的痛苦。在数不清的大大小小战斗中，亚历山大周身上下留下了累累伤痕。有一次，亚历山大当着闹情绪的士兵们的面，扯开自己的军衣，让兵丁们一睹他周身上下的伤痕。"我的全身，至少是前面，没有一个地方没有伤疤。没有一种武器，不管是近距离的还是远距离的，没有一样不在我身上留下

→马其顿与波罗斯的战争（油画）

伤痕，这是事实。在肉搏中我挨过敌人的刀，还不知挨过敌人多少箭；还受弹弓子弹的打击，棒打石击则更是不可胜数。"

经过十余年的东征，亚历山大先后征服了波斯、埃及、巴比伦等地。在此基础上建立起了一个地跨欧、亚、非三洲的大帝国。他以巴比伦为都城，君临天下，发号施令，好不威风。帝国的版图，西起希腊、马其顿，东至印度河流域，南临尼罗河第一瀑布，北抵多瑙河。

可是，如何巩固这一庞大的帝国呢，亚历山大为此绞尽脑汁。

相关链接
XIANGGUAN LIANJIE

亚历山大的四大著名战役

马其顿在腓力二世立国阶段，遇到的敌人大都是古希腊的各个城邦军队，这些军队数量较少，而且战斗力不强。他们采取与马其顿方阵类似的希腊方阵，在硬碰硬的对决中落于下风丝毫不奇怪。

亚历山大的第一个著名战役为格拉尼卡斯河畔战役。公元前334年春，亚历山大率领3万步兵、5000骑兵东渡达达尼尔海峡，与波斯军队相遇于格拉尼库河。波斯2万骑兵沿河列队，形成一个长方

《国王东征》（油画）描绘了亚历山大第一个著名战役——格拉尼卡斯河畔战役。

阵，2万步兵和雇佣兵列队其后。双方骑兵在河边发生激战，随后波斯骑兵溃退，导致全线溃败，2000余人被俘。反观亚历山大，其斗志骁勇，手持两条长矛（山茱萸制作的长矛），亲手斩杀波斯皇帝大流士三世的女婿和另一名高级将领。虽然他自己的头盔也被砍掉一块，险些丧命，但仍以损失105人的代价，取得了格拉尼卡斯河畔战役的胜利。

　　第二个著名战役为伊苏斯战役。公元前333年春，亚历山大继续南征叙利亚沿海地区。此时，波斯帝国的皇帝大流士三世御驾亲征，率军十万大军。波斯大军原本驻扎在平原区域，但大流士三世做了一个非常奇怪的决定，把军队开进地势狭窄的伊苏斯城一带。这样，他的军队既无法发挥数量上的优势，又不能使骑兵和弓箭发挥效力。用中国的传统说法，大流士三世犯了兵家大忌。战斗开始后，亚历山大率领右翼重装骑兵部队直捣波斯军的左翼和大流士御驾亲督的中军。双方开始混战，战斗十分惨烈。尽管波斯的希腊雇用兵方阵抵住了亚历山大的中央方阵，并曾把对方的方阵撕开了一个缺口，但大流士的左翼遭到亚历山大的右翼的重创后，大流士三世怯阵脱逃，致使波斯军队军心大

意大利庞贝古城遗址的镶嵌壁画描绘了亚历山大的第二个著名战役——伊苏斯战役。亚历山大（左），大流士三世（右）。

乱，导致全线溃败。大流士的母亲、妻女都成了亚历山大的俘虏。这次战役，根据阿里安的说法，"波斯军队十万人战死，其中包括一万多骑兵"。马其顿方面只有大约120名马其顿士兵阵亡。

公元前332年1月，亚历山大的军队进军包围了推罗城，受到了推罗人异常激烈的抵抗。这次围城战在历史上算是非常著名的一次，它从公元前332年1月起，直到8月末才被攻陷，整整耗时7个月。攻城期间，亚历山大动用了各种手段，如弓箭、抛石机等器械。此役，马其顿方面在长达8个月的围城战中，一共阵亡400人。亚历山大攻陷推罗城后远征埃及、叙利亚、巴勒斯坦，马其顿军队在这些地区基本上一路兵不血刃，对方纷纷出城投降。但在加沙，马其顿军又一次遇到了顽强的抵抗。两个月后，亚历山大攻克加沙。

公元前331年春，决定东西方两个帝国命运的高加米拉大决战拉开了序幕，这也是亚历山大东征的第三个著名战役。根据阿里拉的说法，大流士三世征集了步兵百万、骑兵4万、200辆滚刀战车和少数战象（关于波斯兵力的说法，各种文献争议很大，尤斯丁认为是40万步兵和10万骑兵，库蒂斯认为是45000骑兵和20万步兵，而狄奥多拉斯和普鲁塔赫则都是说总数100万）。根据富勒的《西洋世界军事史》的介绍，波斯的军队简直就是一个"联合国军"，他们由波斯人、印度人、巴比伦人、希腊人等超过20个民族的军队组成。这倒非常相似于古代中国淝水之战中的前秦大军，符坚的百

高加米拉战役

万大军（其实可能也就二三十万）也是由北方胡汉十几个民族组成的大军。亚历山大根据惯用的部署方式，依旧把重装骑兵部署在右翼，重装步兵方部署在阵中，左翼仍为为轻装步骑兵混合的部队。但在左右翼之后，亚历山大各部署了一条后备线，分别由两个"快速纵队"组成，目的是面对敌军从前面、侧面和后面发动的攻击，都可加以迎击，同时可以在正面增强方阵的后备威力。这种阵法被称为亚历山大的空心大方阵。

这次战役简直就是伊苏斯战役的翻版。经过惨烈的战斗，亚历山大率领的右翼重装骑兵部队，顶住了波斯的左翼骑兵的进攻后，并会同中央方阵一道突破了波斯军队的左翼和中军。虽然在马其顿军队的左翼，波斯军队一度有所突破，甚至包抄到马其顿军队的后路，但受到了马其顿快速纵队的顽强阻击。很可惜，波斯军队抵挡不住马其顿军的右翼和中央方阵的攻势，大流士三世故技重演，又一次调转马头，飞马狂奔。于是，波斯军队全线溃退，并导致一度取得胜机的左翼骑兵部队被马其顿军队围歼。经此一役，马其顿大军所向披靡，占领了整个波斯。此役之后，大流士三世为其部下所杀。

公元前329年，亚历山大进军印度，在那里他击败了印度国王波鲁斯，这是他的四大战役中的最后一个著名战役——海达斯皮斯战役。这是一次一边倒的战役。印度军队使用了几十头战象，战斗打响后，印度士兵纷纷退却到大象身下寻求庇护，结果导致战场上形成了几十个以大象为中心而马其顿军在外围的包围圈，于是印度军队基本都被围歼。

四大战役结束后，亚历山大建立了一个前所未有、横跨欧亚非的大帝国。真可谓前无古人。后世的罗马人用了几个世纪建立起来与此相当规模的帝国，而亚历山大只用了十几年。因此，亚历山大被西方誉为西方历史上第一名将。

《最后一场战斗》（油画）描绘了亚历山大东征的最后一个著名战役——海达斯皮斯战役中联军和古印度波鲁斯王国的军队交战的场景。

马其顿军队的军制、装备和战术

马其顿军团威力最为强大的是重装步兵方阵，即马其顿方阵。步兵方阵起源于希腊方阵。马其顿方阵的创建人是亚历山大的父亲腓力二世。到亚历山大时代，一个标准的巨大方

←马其顿步兵

阵共约16384人，由4个组织严密小方阵组成，每个小方阵（约4096人）由一名将领统率。每个小方阵每一横排为256人，纵列为16人。4个小方阵横排成一个长方形大阵，每排就成为1024人，纵列仍为16人（看起来有点类似中国演义评书里的十六条一字长蛇阵）。方阵的基本战术组成单位为方阵的纵列，即16人，名为洛考斯。16个洛考斯组成一个辛塔哥马（256人），相当于一个营的兵力。一个小方阵由16个辛塔哥马组成，相当于一个师的

兵力。

亚历山大在参战人数最多的战役里动用了两个巨大方阵。

从这个战术组成来看，马其顿方阵很严密。重装步兵方阵的前6排士兵平持长矛，后10排斜持长矛。有时，后排士兵会把长矛放在前排士兵的肩头，方阵整齐行进时，步调一致，长矛挺立，蔚为壮观，其阵势现在只有在莫斯科红场阅兵的场合里才可以看到。这种方阵在进攻方向可按前后左右更换，由于方阵可以随时变化，整个阵势也可因地形而变化队形。尽管如此，这种方阵最适合的作战地形是平原。而且，最适合的战斗情形是，敌军和马其顿军团做面对面冲锋，拼死决战，这样正符合亚

马其顿方阵

历山大的谋算。

马其顿军团的巨大方阵主要是作为中军来用。它的右翼主要为重装骑兵。马其顿军的重装骑兵是由年轻贵族组成的精锐部队。这批贵族子弟自幼刀马娴熟，又富有希腊式的骑士精神，并有向亚历山大效忠的赴死斗志，所以战斗力还是比较强的。

左翼由轻装步兵与同盟者骑兵

马其顿骑兵

组成。但左翼轻装步兵的队形很长，呈斜形，有如一条巨长的锁链，可以贯穿连接整个重装步兵方阵和右翼重装骑兵，在作战中保持全军互相策应、队形不乱而不至于被敌军分割包围。轻装步兵大都配备较短的长矛，较宽的盾牌和较轻的铠甲，而且多数为皮甲。轻装步兵的机动性较强。由于巨大方阵在作战中保持密集紧凑而且移动快捷的队形并不容易，所以很多作战任务都由右翼或者轻装步兵来率先发起。

　　组成马其顿方阵的重装步兵基本由马其顿中上层自由民组成。轻装步兵无论在装备和训练上或者在纪律养成上一般都比不上重装步兵，他们大多来自社会的下层。许多轻装步兵，特别是配备有特种兵器并有熟练技术的弓箭兵和投石兵均为雇佣军。他们与不太强大的轻装骑兵共同负责保卫前进中的方阵侧翼。战斗开始时，他们在方阵前面组成一支散兵防护部队。

　　根据亚历山大四次最主要的战役来看，亚历山大的主要战术是利用重骑兵率先突击，来打击敌人的左翼，然后中军巨大方阵跟进摧毁敌方中军主力。战斗力较弱的左翼则咬住对方右翼，有时左翼甚至抵挡不住，但随着右翼和中军的胜利而反过来对敌人进行反击，最终击溃敌军，获得全面胜利。马其顿军的核心战斗集中在方阵的冲击力方面，这种方阵在正面冲锋时可谓势

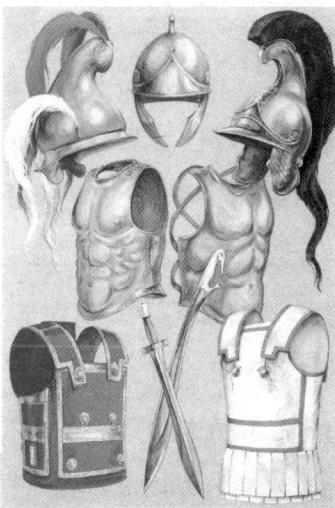

马其顿步兵装备

若巨雷，锐不可当。但是，它的缺点也比较明显，由于方阵士兵配备较重的长矛，铠甲和盾牌，所以行军缓慢，机动性差，适合速战速决，不适宜长期作战。而且方阵在作战中只有保持密集队形才能维持强大战力，波斯军队的冲击力虽然曾破坏过马其顿的方阵队形，但却没有继续扩大战果。

马其顿军队的重装骑兵的实力相对于波斯军队还是很强的。但是，正如美国 T·N·杜普伊在《武器和战争的演变》中所指出的，骑兵从来就不是希腊部队（马其顿军制主要来源于希腊）的主要兵种，"除了北部的塞萨利和马其顿等较为平坦的地区外，多山的希腊很不适宜骑兵的机动。因此，一般说来，希腊不很重视骑兵这一兵种，而着重依靠经过不断改进的步兵方阵进行作战"。马其顿重装骑兵的武器装备和重装步兵基本相同。他们也都手持一根马其顿长矛，可惜在马背上很难施展。在交战之前，他们往往把长矛扛在肩上，矛头稍向下。冲锋时，长矛可以稍稍放低在肩部以下，但还需矛头向下方倾斜以保持平衡。在猛力刺中第一个敌人后，往往让长矛留在他的身体里不再拔出。丧失长矛以后，再用刀剑继续进行战斗。等到战斗胜利后，再去找回那些长矛。这是一种相当奇怪的战法，残酷的近战中未必能占有优势。由于当时的马匹无马镫、马掌，也无马鞍，只有马披或坐垫，所以其战斗力不可过于高估。

马其顿军队中除了方阵重装步兵和重装骑兵以外的轻装骑兵和轻装步兵并无优势可言，在数次战役中均成为马其顿军队的软肋，而险些导致全军被击溃。在伊苏斯战役和高加米拉战役中处于左翼的轻装骑兵和重装骑兵，都曾遭到波斯骑兵部队的重创。

盾牌手在方阵的边上作战，保护没有防护措施的方阵右翼。盾牌手还随身配备双刃短剑。

欧亚联姻

真正的英雄不是永远没有卑下的情操，
只是永远不被卑下的情操所屈服罢了。
——罗曼·罗兰
野心就是一切虚伪和谎话的根源。
——恩格斯

　　亚历山大深知，建立在征服之上的庞大帝国仅仅靠武力来维持它的统一和长久是远远不够的。面对庞大帝国统治下的民族矛盾和阶级矛盾，亚历山大采取了政治联姻的手段来巩固帝国的新政策。让马其顿人与东方女子结婚，来扩大其统治基础，弥合东西方民族之间的矛盾，使东西方民族"融为一体"。

　　亚历山大就是这种新政策的实际倡导者和执行者。他不仅竭力鼓动马其顿男子娶东方女子为妻，还带头示范。在他看来，这样做的好处是非常深远的。第一，可以稳定军心，随军将士娶了东方女子为家室，就可以稳定住他的情绪。以此为家，安心东方，跟随自己去争取一个又一个新胜利。第二，可以缓和马其顿为

→ 亚历山大塑像

首的希腊民族与东方民族之间的紧张关系。从而，扩大亚历山大帝国的社会基础。用形成的一种血缘亲近关系代替敌对情绪和反抗意识。第三，可以更好地了解和理顺东方民族的生活生产方式、风俗习惯和宗教信仰。从心理文化角度，沟通和融洽东西方文化，减少不必要的心理摩擦。第四，可以促进相互学习和交流，繁荣亚历山大帝国的精神文明和物质文明，使社会生产力在和平环境下，得以顺利发展。第五，可以通过联姻方式，达到政治目的。

亚历山大早在征服中亚的过程中，就曾娶了巴克特里亚（中国史书称大夏）王公之女儿——罗克珊娜为妻子。打败大流士三世之后，又娶大流士三世皇帝的女儿斯塔提拉为妻。上行下效，由此，形成一种时尚。

亚历山大还颁布了优惠政策，宣布凡马其顿男子娶东方女子为妻者，可享受免税权利，帝国负责给予一份新婚赠礼。

亚历山大还亲自为马其顿将士主持新婚典礼。例如，在苏萨举行的一次奢华的有1万对新人参加的集体"结婚典礼"上，不仅亚历山大带头同大流士三世的女儿结婚，其部下有80名将军和万名马其顿士兵也同时娶了东方女子。亚历山大亲自主持了这次历史上最大规模的集体婚礼，并一一向新婚夫妇祝福，颁发纪念品。

因为像这样具有较明确政治目的的集体大型婚礼，古往今来都是极其罕见的，故被后人称之为"欧亚联姻"。

← 亚历山大与斯塔提拉的盛大婚礼

"欧亚联姻"实施的结果，在某种程度上确实发挥了它应有的作用。亚历山大成为后来西方帝王效仿的榜样，不能说与他实行并倡导的政治联姻没有一点关系。

亚历山大年轻气盛，有着狂热的感情。他除了从政治角度考虑男女婚姻之外，也有不少男女私情的传闻。据说，亚历山大曾被雅典一名叫泰绮思的妓女所迷惑、嘲弄。一次，在庆祝波斯灭亡的庆功宴会上，坐在显赫首席位置上的亚历山大，"把长期以来一直戴着作为胜利者标志的马其顿帽，换成被征服了的波斯人的头巾"，显得十分高傲和自信。一会儿与坐在他身边的妖艳女人泰绮思窃窃私语，说说笑笑；一会儿又满面春风地频频举杯，与将士们畅饮，祝酒行令……

亚历山大和将士们举杯相庆，推杯换盏，在不知不觉中都已喝得醉醺醺的了。特别是亚历山大，下意识地与名妓泰绮思眉目传情，嬉笑挑逗。泰绮思表面装出十分恭顺、谦和、温雅的姿态，内心深处正在考虑如何戏弄亚历山大的计策。她以妓女惯用的手法，一面娇滴滴地凑到亚历山大近前，为亚历山大斟酒献殷勤，一面为亚历山大出主意，劝他"若放一把火，这座华丽王宫燃烧起来一定很有趣"。亚历山大在她的挑逗和激励下，一时兴起，失去理智，真的拿起火炬放起火来。刹那间，浓烟四起，火光冲天，整个王宫陷入一片熊熊火海之中。士兵们匆匆赶来救火，却被亚历山大呵退。眼睁睁地看着一座巍峨壮观的波斯王宫就这样化为一堆瓦砾和废墟。当亚历山大酒醒恢复理智后，深为自己为博得红颜一笑而焚毁王宫之事追悔莫及。泰绮思以此来让亚历山大出丑，目的是败坏亚历山大的声望。泰绮思之所以要这样做，在感情方面完全是出于对祖国雅典的爱。她对雅典等希腊城邦被马其顿所征服从而失去昔日的独立和自由深感不满。

相关链接
XIANGGUAN LIANJIE

在远征以前，亚历山大认为希腊民族是世界独一无二的民族，只有这个民族才真正具有开化的文明，而其他非希腊民族都是野蛮的民族。但是随着东征，亚历山大逐渐认识到波斯人和希腊人一样具有杰出的智慧和才能，他们也应该受到尊敬，因而亚历山大的思想观念发生了改变。他认为，各民族应该是公平的、应该和睦相处。他因此产生了一个伟大的计划，想让波斯人、希腊人与马其顿人结为友好的同伴。为了促进马其顿人和波斯人、东方人的融合，亚历山大和大夏贵族罗克珊娜结婚，并鼓励马其顿人和东方女子结婚。在苏萨城，亚历山大举行了一次盛大奢华的结婚典礼，庆祝他和波斯国王大流士三世的女儿斯塔提拉结婚。在同一天举行婚礼的马其顿新人有1万对之多。在婚礼上，亚历山大宣布，马其顿人和东方女子结婚，可以享受免税权利，并给新婚夫妇馈赠了许多礼物。

文化建树

人创造了事业，并以事业为荣。
————高尔基
有所作为是"生活中的最高境界"。
————恩格斯

亚历山大绝非是人们想象中的一介武夫。事实上，他既是文明人又是文化人。他在希腊文化的教育下，有着对知识和人才重视的思维，有着对科学和文化偏爱的兴趣，有着文化建设的打算和设想。像在武功

←亚历山大塑像

方面所做出的成就那样，他在文化建树方面也做出了举世公认的巨大成就，对当世和后来的历史发展都产生了深远的影响。

建新城，传播西方文明。亚历山大东征过程中，有意识地在战略要地和交通要道上建立了一批新兴城市。这些新建城市在建筑风格和建筑艺术上均采用西方建筑形式，均以"亚历山大"的名字命名。有的建在埃及，有的建在印度，有的建在中亚交通要地……据普鲁塔克记载，这类新兴城市分布在帝国各地，共有70多座。据近代研究人员估计，至少也有40多座。其中最有代表性的新兴城市，则是位于埃及尼罗河出海口的亚历山大里亚城。该城是公元前332年由亚历山大亲自选定城址和设计蓝图，并下令在原古城拉库提斯的基础上扩建而成。据说，这座城市占地面积相当于雅典城的3倍，自公元前332年至公元642年间，既是亚历山大在埃及的都城，也是整个帝国政治、经济、文化中心之一。作为东西方贸易的中心，不到一个世纪，其规模就超过了迦太基。它曾先后被罗马、波斯、阿拉伯、土耳其人占领。历经风雨，饱经沧桑，作为历史文化的见证，至今仍为埃及第二大城市和主要港口。它邻地中海，在尼罗河三角洲西缘，距东南埃及首都开罗有206千米。辖区面积2680平方千米，

←位于埃及的亚历山大盖贝依城堡

市区面积344平方千米，既是现代埃及的主要港口和工业中心，又是游人最多的海滨胜地。抚今追昔，亚历山大里亚城早已今非昔比，但它作为历史文化名城，在传播东西方文化，促进东西方经济交流和人员往来等方面的贡献，令人难以忘记建此城的亚历山大大帝。

古埃及的亚历山大里亚城，也是马其顿人和希腊人的生活乐园。该城城市布局合理，街道整齐，铺设完美，两条主要街道宽30余米，同时建有宏大的剧场、美丽的公园、雄伟的宫殿、巍峨的寺院等建筑。亚历山大兴建这座城市的最直接目的，还在于适当而又妥善地安置马其顿人和希腊人。正如阿里安所记述的那样，亚历山大"叫下列一些人定居城里，任何愿

意在这里定居的希腊雇佣兵，附近贵族中曾志愿参加修建新住区的人，以及马其顿部队里一切不适于服现役的人，都可以在城内定居"。

马其顿人按照希腊人的生活方式和管理方式，经营和管理亚历山大里亚城。他们为了适应国际转运港，海上行船导航的需要，发挥其聪明才智，启用能工巧匠，在亚历山大里亚城南面的一个名叫法罗斯的海岛上建造了一座高120米，用大理石砌成的巨型灯塔，灯塔顶端矗立着金光闪闪的太阳神巨像，每天夜里火炬燃烧的火光令50千米以外的行船都能看见。亚历山大灯塔被列为古代世界七大奇迹之一。

→埃及亚历山大灯塔

　　亚历山大里亚城还建有博物馆，这是当时地中海区域内最大的科学和艺术中心。博物馆内设有图书馆、动植物园、研究院等，可称得上是当时条件优越，设施齐全的研究中心。图书馆藏书多达70万卷，仅藏书目录就有120册，许多作品都附有专门注释，由此产生了注释学科。这些藏书几乎包括了所有古代希腊的著作和一部分东方典籍。希腊著名的科学家欧几里德、埃拉托斯特尼、希帕卡斯等人来到这里从事研究工作，

并取得了高度的学术成就。这一切均对近代欧洲科学的发展产生过深远的影响。可惜的是，公元前48年，罗马统帅凯撒侵入埃及放火焚毁了馆中一部分图书。4世纪时又遭到一次破坏。残存部分于7世纪中期，阿拉伯将军阿慕尔攻占亚历山大里亚城时尽毁。

　　亚历山大比较重视科学。他在公元前334年春出征亚洲时，就令有某种学术专长的专家、学者随大军踏上亚洲的土地。在这些人员中，有土地测量员、工程技术人员、建筑师、科学家、宫廷官员和历史学家。他要求史学家专门记述远征的路线和战斗情况，以便垂范子孙，流芳百世，弘扬历史，教育后人。他要求测量师为他测量山水河流方位，绘制经济、民族、军事、

→ 亚历山大时期的纯金制品

← 亚历山大与学者

自然资源等多种地图，以便规划帝国的统治。

一般来说，"马其顿远征的参加者没有就地收集新的地理资料，也没有对已被他们征服民族（埃及人、

波斯人和其他民族）所收集的旧的地理资料进行加工整理"。但是，"仅有一点除外，这就是那尔赫的海上航行。他们留下了从印度河口驶向幼发拉底河口的详细记录（公元前325—前324年）"，也报道了印度的许多真实消息，使"古希腊人知道了有数十条河流横贯的人口稠密的恒河平原的一些情况，同时也了解到大山脊喜马依山（喜马拉雅山）的一些情况，这座山脉坐落在恒河平原的北部，并向东延伸"。

在史学方面，由于某种原因也没有取得什么有价值的成果。"尽管有一批历史学家与亚历山大同行，但是我们没有得到关于他远征的令人信服的历史记录；

→亚历山大大帝（油画）

尽管有一批学者，但是我们在希腊有关他们涉足过的地区的文献中没有找到哪怕能和希罗多德相比拟的资料……与亚历山大远征相联系的学者们往往把希罗多德时期已经被解决的问题作为自己要解决的问题。"

亚历山大注重关心学者随军期间的生活和工作情况，为他们提供饮食生活方便，支持他们从事专业工作。例如，亚历山大支持那尔赫的地理考察，为他提供船只和人员，并委派那尔赫带领船队从印度河口启程驶往幼发拉底河河口。再如，亚历山大支持他的老师亚里士多德的研究工作，将其在东方收集到的动植物标本和有关资料，派专人送往希腊交到亚里士多德手里。

亚历山大作为远征统帅，主要精力和进取目标是如何取得军事上的胜利，但即使军务繁忙，也没因此而完全忽略对科学和文化的注意，能够在出征前就想到必要的文化建设，仅此一点，就足以说明亚历山大的深谋远虑。他是世界古代历史上少有的重视科学与文化的帝王。

相关链接
XIANGGUAN LIANJIE

亚历山大远征的文化意义

亚历山大的远征，客观上促进了东西方的文化交流，希腊文化依然在亚洲得到传播。历史学家称此现象为希腊化文化，并将从亚历山大起到埃及被罗马征服为止这一段时间（公元前323—前3年），称之为希腊化时代。

埃及的亚历山大城图书馆里收藏了从各地收集来的手稿，仅是藏书目录就多达120册，这些珍藏的书籍吸引着东西方各地好学之士到此来从事研究。此外，这里还收集了各种动物，以供学者

埃及亚历山大灯塔

亚历山大里亚古城

研究。正是从这时起，希腊人的科学技术与文化才更为丰富地发展起来，使希腊文化与科学几乎在各个领域都处于领先地位。今天，人们非常熟知的由欧几里德发明的几何学，阿基米德的力学、数学和物理学，埃拉托斯特尼的天文学和数学，提奥弗拉斯的农学、植物学，受到马克思高度评价的伊壁鸠鲁唯物主义哲学，还有医学、力学、建筑学、地理学和解剖学等学科，正是在希腊文明的基础上，取得了辉煌的成就。这些文化成就带来的是一系列的科学发明，如当时用于战争中的许多机械性武器，用于生产上的抽水机、水磨、洗涤器等器物，用于建筑工程方面的起重机等机械。这些发明创造又在东西方各国得到了运用，推动了物质文明的发展。这些科学发明，不能完全归功于亚历山大的东征，却是与这次东征有一定关系的，这当然是一种客观后果。可以这样说，亚历山大大帝的远征加强了东西方之间的联系，促进了东西方的经济发展，双方贸易往来更加频繁，许多希腊人移民到了西亚，其生活方式、风俗、语言和文字由此传入东方，同时西方也从东方汲取了不少文化养分。通过这一方式，希腊文明和与东方文化获得了直接交流和融合的机会。

亚历山大的远征带来了希腊文明在中东和中亚的繁盛，以及在南亚次大陆的发展，由此在文化上产生了深远的影响。

亚历山大的远征

英年早逝

人固有一死，或重于泰山，或轻于鸿毛。

——司马迁

相貌英俊威武且身强力壮的亚历山大，年仅33岁就过早地离开了人世。

人们惋惜亚历山大尚未来得及施展他全部的聪明才智，惋惜他历尽艰辛所从事的事业因此而中断，惋惜他缔造的庞大帝国后继无人……

年纪轻轻的亚历山大的死，完全出乎人们的意料之外。人们怀疑这不是真的，怀疑亚历山大的死另有原因，怀疑这可能是一种亚历山大惯用的计谋……然而，人死不能复活。怀疑也好，惊叹也好，惋惜也好，终究代替不了事实。

亚历山大英年早逝的原因，不外有以下几个方面：

第一，劳累过度，积劳成疾。亚历山大从18岁开始征战疆场，至公元前323年6月13日突然死亡，历时16年戎马生涯，几乎没有过上一天安稳的日子。特

→ 亚历山大的东征骑兵

别是从公元前334年至公元前323年，在这10年东征的战争岁月中，作为全军统帅和最高指挥官，更是为战争的胜利吃尽了千辛万苦，操碎了心。他拖着疲惫的身体，所承担着的战争的压力和责任，是常人无法体验到的。他为了打垮大流士三世，灭亡波斯帝国，常常通宵达旦地谋划论证；为了攻陷顽抗不降的推罗城，亚历山大更是绞尽了脑汁。长年的精神紧张和过度的疲劳，已使亚历山大的身体潜伏下了隐疾。

第二，伤痕累累，肉体受损。亚历山大既是指挥官又是战斗员。每逢临战他都冲锋在前，当战争越是进入最残酷、最关键的时刻，他所具有的那种拼命精神和不怕苦、不怕死的行为表现得越充分。是机敏善断的卓越指挥才能和身先士卒的榜样力量，使他赢得了一次次军事胜利，成为一名著名的统帅和一个伟大的征服者。然而，亚历山大在享受一次一次军事胜利的喜悦的同时，也遭受着一次次负伤挂彩带来的肉体上的痛苦。在大大小小的无数次战斗中，亚历山大周身上下几乎遍布了各种武器造成的伤痕。这些肉体上的伤害，早已有形无形地、时隐时现地影响了亚历山大的健康。只因年轻气盛，追求高远的庞大野心，一种无往而不胜的坚定信念，才使他对自身肉体上的痛苦，产生了巨大的忍耐力。他也曾想过，等到大征服活动完全胜利的时候，再好好地作一下休整，安安稳

← 亚历山大塑像

亚历山大（电影剧照）

稳地过上几天好日子。然而，亚历山大身体状况的发展并不以他的主观愿望为转移。刚强的意志反而拖垮了他的肉体，等来的是永久的休息，长眠于大地。

第三，条件艰苦，缺医少药。亚历山大自踏上征服亚洲的土地，就处于一种人地生疏、条件艰苦的状况之中。他和他的马其顿士兵们，往往在极其艰苦的条件下作战。经受着风吹雨打，酷暑严寒的袭击，冒着枪林弹雨的生命危险。随军医生及其所携带的有限药品，远远满足不了将士伤病的需要。一般军士伤风感冒，只能以大运动量发汗来治疗。一般的轻伤也只能做一下简单的处理。至于划破皮肤，擦伤手脚根本不被人理会。有的干脆就地取些土面敷在伤处了事。在药品最困难时期，就连亚历山大治伤也无药可用，只好强忍伤痛，等待自然恢复。

据记载，一次亚历山大胳膊受了箭伤，其箭头深埋在肉里。因无药可用，眼睁睁地看着伤口化脓，疼得他死去活来。他曾发恨欲废掉一只胳膊，命令医生及其手下人给他截肢。可医生怎么也不同意他这样做。在万般无奈的情况下，亚历山大自己偷偷做起了手术。他用开水煮过的利剑作为手术刀，将受箭伤的胳膊牢牢地绑住，忍着剧痛，切开伤口，硬是取出了残留在肉体中的箭头。由此也可足见，古今中外成大事者，

无不具有坚韧不拔之钢铁意志。

再如，公元前327年，亚历山大率军进入印度后，不少士兵水土不服，染上了热带病。据说，亚历山大的身体也潜伏上了这种病。当时，包括亚历山大在内的马其顿人，对于什么叫"热带病"，它的病因是什么？怎样来预防它？哪种药物对治疗此种疾病有效等问题，一无所知。无论谁得了病都无可奈何，束手无策，只能依靠自身免疫力和抵抗力战胜病魔。

第四，饮食不周，营养失调。亚历山大在东方征战的过程中，迫于战争环境，其生活饮食起居已无规律可言。有时为谋划一场战役的胜利，往往废寝忘食；有时在连续几天几夜的战斗中，吃不上一顿像样的饭，甚至连水都喝不上。而每当取得一次较大战役的胜利，又往往是摆上丰盛的酒席，暴食暴饮一番。据说，亚历山大有一个坏毛病，每逢庆功酒宴，他都把这酒宴看做是最后胜利的一次酒宴，贪杯好酒，不醉不休。有一次，亚历山大因醉酒而不能动弹，将士们把他抬到床上，他都一无所知，一睡就是两天两夜。

这种无规律的生活，暴食暴饮的不良习惯，已使亚历山大的胃，隐约地发出了不良的信号。他时常感到腹中不适，但却从未认真地对待过。

亚历山大不仅饮食无规律暴食暴饮，而且饮食的种类也比较单调。他喜欢吃牛、羊等动物的肉，以此为口福，吃得很多，也吃得很香。他厌恶吃蔬菜类的食品，认为这种毛菜不可口。在他看来，吃一大盘蔬菜，也不如吃上两块肉值得。

身体无从摄取他需要的必要营养，从而使有的营

←亚历山大大帝（油画）

→亚历山大（电影剧照）

养成分过剩，有的营养成分缺乏，造成体内营养失调。这显然也是影响亚历山大身体健康的重要原因之一。

第五，性情暴躁，气大伤身。世界上的万事万物，都处于一种矛盾状态的运动之中。而一切事物又都是一分为二的，向来是福祸相依，苦乐相移。人生活在社会中，自有快乐的一面，也有失意、痛苦的一面。万事随心所欲，一切心想事成是不可能的。

亚历山大作为有血有肉的活生生的人，自如常人那样，有着丰富的感情——喜、怒、哀、乐之情变，悲欢离合之忧伤。在感情领域内，亚历山大不同于常人的地方，就是表现在他的性情暴躁上。他认为要好的军士，往往是给予较为周到的关怀和体贴；他认为不好的军士，则是不时对其找麻烦。要好之时可以称兄道弟，磕头认亲；反目之时，可能摇身一变、六亲不认。例如：与亚历山大特别要好的将领克里塔斯，曾冒着生命危险，在战场上救过他的性命。亚历山大对克里塔斯也待如手足，感恩不尽。平时两个人亲密无间无话不谈，好得像一个人似的。可是，在一次宴会上，只因克里塔斯反驳了亚历山大的意见，亚历山大就怒发冲冠，气急败坏地抽出宝剑，当场将克里塔斯置于死地。

尽管，亚历山大事后又追悔莫及，痛苦思过，整整3天不吃不喝。但是，这又有什么用处。毕竟砍掉人头的不能复生，一失足成千古恨。

在军中，亚历山大发脾气是常有的事。情急之下，往往大动肝火，破口大骂，甚至出手伤人。在他的部下及军士中，不知有多少人挨过亚历山大的训斥和责骂。

亚历山大暴躁的性情有如下特点：一是，醉酒狂暴，醒后反悔；二是，情急狂暴，事后如常；三

→亚历山大的马其顿方阵在作战

是，假装狂暴，借以吓人；四是，玩乐狂暴，有说有笑。

亚历山大这种狂暴的性情，对他身体健康方面也产生了一定的副作用。因狂暴性发，而失去心理平衡，损伤脏器；因狂暴误事，使他自我折磨。久而久之，已影响了他的部分身体机能，损伤了他的身心健康。

亚历山大从印度撤军，回到巴比伦之后，高度紧张的军事生活，一下子平静下来，倒使他感到吃不消了。他抱怨军士们厌战不前，不与他合作。他渴望重整旗鼓，再度出征，去打位于东北非洲的迦太基，位于欧洲亚平宁半岛上的意大利，位于欧洲比利牛斯半岛上的西班牙……然而，天不作美，公元前323年6月13日，年仅33岁的亚历山大突然患恶性疟疾病，撒手归天，卒于巴比伦。

据古代阿瑞斯托布拉斯记载："亚历山大一共活了32年又8个月，在位12年零8个月。"

亚历山大死后，他的部将们怀着各种不同的心态，暂时联合起来为他举行了隆重的帝王葬礼。亚历山大的尸体穿着笔挺的军装，外罩着紫红色的长袍，安静地躺在特制的金棺中。部将们先是将他的金棺在宫中的大殿上停放，供人吊唁和瞻仰。一拨一拨前来吊唁的军界、政界要人，向亚历山大遗像鞠躬致敬后，便有泪无泪地掩面，伤心欢心做戏看。在所有向亚历山大遗体告别的人群中，唯有他的妻子哭得最为伤心。

告别仪式之后，亚历山大的金棺在他生前好友，

也是其部将托勒密的"护送"下，一路"扬幡"引路，吹吹打打，由众人抬着，从巴比伦出发送往埃及亚历山大里亚城，在一座宏伟壮观的陵墓中安葬。

亚历山大"无忧无虑"地走了，他所留下的庞大帝国，却接二连三地发生了一起起令人惊心动魄的大变故。

未等亚历山大的尸骨寒彻，闹分裂的战火就几乎燃遍了全国。像短命的亚历山大一样，他所建立的亚历山大帝国也是短命的。

→ 亚历山大

亚历山大的死因

中毒说——

普鲁塔克说，无人怀疑亚历山大是遭人下毒而死的。若干史学家指出，向安提帕特献计谋害国王者是亚里士多德，毒药完全乃由他所提供。

曾统治大半个已知世界的君王死后，各种传言到处流传，实不足为奇。下毒者是艾欧拉斯的说法很快就传遍雅典，雄辩家狄摩西尼提议大家表决向艾欧拉斯致谢。有些传到今天但极缺乏佐证的故事，或可支持亚历山大和海菲斯提恩不是死于自然死因的说法。有一则是说有个马其顿军官，他曾目睹哈马丹及巴比伦发生的事。当亚历山大自印度归来时，他怕自己是下一次整肃的目标，便去请教算命者他该怎么办。算命者要他不必担心，并说海菲斯提恩和亚历山大将不久于人世。没过几天海菲斯提恩果然死了，一年内亚历山大也撒手人寰，两人均在饮下纯酒之后死于原因不明的高烧。有位医师自药理学角度提出看法，认为慢性番木鳖咸中毒是最可能的解释。无论是否事出巧合，亚里士多德的弟子兼友人植物学家锡奥夫拉斯特斯，曾提及此物的用途及剂量，并说"掩盖其苦味之上策，即使用于纯酒中"。

亚历山大

后来也有些说法，认为是亚里士多德自己动的手，因为他发现自己帮助制造了一个"祸端"，但普鲁塔克最多只肯说："初时，亚历山大对亚里士多德评价极高，敬爱他超过其父……但最后几年渐渐对他产生怀疑。他从未实际伤害他，但其友谊已丧失原有之热情与爱，显见两人已渐行疏远。"与许多有关亚历山大的事迹一样，我们永远无法得知真相如何。

因酗酒和因中毒造成的肝衰竭，症状当然有相似之处。今天多数的学者否定中毒的说法，但也有人不排除亚历山大和海菲斯提恩是被毒死的。一群感到幻灭而愤怒的高级军官，密谋毒死亚历山大并不是不可能的。亚历山大的老师亚里士多德自己就说过："无人可自由地忍受如此统治。"

激光照射说——

亚历山大大帝的死引起世人的瞩目。许多人收集资料，调查分析，认为他的真正死因是长期受激光的照射。

两千多年前，是谁掌握了激光技术，并且还能用来杀人呢？说起来让人难以置信。原来，亚历山大占领波斯的一座城市后，城中的贵族向他贡献了一顶王冠。王冠上镶嵌着一颗特大的、能发出紫色幽光的红宝石。亚历山大戴着它，到处炫耀自己的威严和权力。

　　科学家发现，红宝石在太阳光的照射下发出一种特殊的自然激光。由于亚历山大长期戴着这顶镶嵌红宝石的金王冠，所以成了自然激光的牺牲品。

亚历山大

冥河水中毒说——

据英国《每日电讯报》报道，美国斯坦福大学的科学家研究发现，亚历山大大帝可能死于在冥河中发现的一种致命细菌之手，而不是在古巴比伦彻夜纵酒狂欢导致的发烧。美国研究人员发现，亚历山大大帝在公元前323年死亡前出现的各种症状与这种剧毒细菌所能产生的影响之间存在惊人联系。根据他们的推测，这位征服了希腊与印度间巨大版图的马其顿国王死于希腊的冥河水中毒。

冥河是传说中通向地狱的入口，但这条河的原型据信真实存在，就是现在的黑水河，发源于伯罗奔尼撒半岛的山脉。古希腊人认为，黑水河河水有剧毒，除了由马蹄或者骡蹄制造的船只外，任何船只都会被河水溶解。

在巴比伦（位于现在的伊拉克）尼布甲尼撒二世的王宫参加一场通宵酒会时，亚历山大突然病倒。他抱怨说肝脏突然间好像被利剑刺穿一样疼痛，不得不卧床休息。在随后的12天，他又出现高烧以及关节剧痛症状。随着病情恶化，亚历

山大陷入昏迷，据信最后于公元前323年6月10日或11日死亡，也就是在他33岁生日来临前不久。

据历史学家推测，亚历山大的死由酗酒、伤寒、疟疾、急性胰腺炎、西尼罗热或者中毒所致。中毒假设只有两种情况，一种是意外，一种是有人蓄意毒害。一些对亚历山大死亡情形进行分析的专家认为，他可能死于卡奇霉素中毒，这是一种由细菌产生的危险化合物。斯坦福大学研究论文合著者、美国瑞辉研究院毒物学家安托瓦内特·海耶斯说："卡奇霉素有剧毒，是土壤细菌产生的数百种代谢物之一，它能够在石灰石上生长，而希腊又有很多石灰石。"

在古希腊传说中，宙斯命令众神在冥河岸边发誓，如果有人说谎，这位众神之神便会强迫他们喝冥河的水。据传说，喝了冥河水的神一年之内无法讲话和移动身体。斯坦福大学古典文学与科学史系研究学者、论文合著者艾德丽安·马约尔表示："众神使用的这种毒药对亚历山大再合适不过，因为他已经被视为一个半人半神。亚历山大的一些症状以及患病过程似乎与古希腊神话中喝了冥河水的结果相类似。他也失声，与喝了冥河水后陷入昏迷的众神一样。"

历史学家指出，冥河在古代的剧毒名声支持了这种假设，但这仍不能证明亚历山大就是死于冥河水中毒。《亚历山大大帝：一个生命的传奇》作者理查德·斯通曼说："我个人认为亚历山大可能死于自然原因，或者是伤寒，或者是过量服用治疗其疾病的藜芦，但其他可能性也不能排除。"

← 亚历山大（电影剧照）

帝国分裂

话说天下大事，分久必合，合久必分。
——罗贯中

公元前323年，亚历山大一死，有关继承王位的争论就立即显露出来了。据有的记载说，亚历山大临死之前，他的部将曾向他问过由谁来继承王位的问题。亚历山大在病榻上，曾有气无力地说到"留给最好的人"这样的遗嘱。那么谁又是"最好的人"呢？"最好的人"的标准又是什么呢？由于此话说得很含糊，伸缩性很大，既可以这么理解，也可以那么理解，故成

→ 亚历山大之死

为关于帝国继承人问题的一个悬而未决的疑案。这样，便引起了亚历山大部将之间，即所谓"继业者"之间关于王位继承人问题的激烈的争论。

"当亚历山大穿着紫红袍的尸体还陈放在宫中宝殿上时，各军团的将领之间便发生了关于王位继承人问题的争吵，争论的结果，决定宣布腓力二世的庶出之子，亚历山大的异母兄弟阿里代奥斯为王，还决定如果亚历山大的怀孕妻子罗克珊果然生了儿子，取名亚历山大（史作亚历山大四世），就宣布为合法继承人。亚历山大的部将，最年长的战友佩尔迪托卡被选定为帝国的摄政王"。亚历山大的其他部将，托勒密·腊加、安提柯等人，则分得原波斯各总督区的行政权。

托勒密一世，于亚历山大死后18年创建了托勒密王朝，国祚275年。埃及艳后克丽奥佩特拉七世是该王朝最后一任君主。

亚历山大葬礼结束后，暂时达成的协议很快就被撕毁。争夺王位和瓜分遗产的斗争重新开始。有势力的几位亚历山大部将彼此明争暗斗，无一不试图独揽继承权，雄居帝王之位。他们根本就不把低能的摄政王放在眼里。就连各总督也不承认摄政者的最高权力。特别是托勒密·腊加别有心计，图谋夺取王位继承者的地

← 托勒密神庙遗迹

位，把亚历山大的遗体劫往埃及。对此，摄政佩尔迪托卡组织人力进行讨伐。摄政王因讨伐失败而死后，安提帕特继任为摄政。但是，各继业者之间为了争夺地盘仍是争战不已，闹得国无宁日，天下大乱，其中比较强大的是被人称之为"独眼龙"的安提柯及其儿子底墨特里。他们在西亚、叙利亚、腓尼基及希腊奠定了自己的统治地位。

安提柯的强大遂引起了托勒密、塞琉古、卡山得等人的联合反对。彼此为了各自的利益，其争斗手段变幻莫测，流血凶杀屡屡发生。一场决定胜负，关系彼此生死存亡的战争准备正在紧锣密鼓中进行，可谓"山雨欲来风满楼，黑云压城城欲摧。"

公元前301年，在小亚细亚爆发了易普索斯战役。在这场具有历史意义的战役中，安提柯大败而死，其

子底墨特里夺路逃命而去。由此，结束了继业者之间的激烈斗争，也奠定了托勒密王国、塞琉古王国、安提柯王国三分帝国天下的基础。易普索斯战役，是亚历山大帝国由统一走向分裂的转折点。

托勒密王国，是由托勒密·腊加之子托勒密一世建立的。公元前305年托勒密正式称王，开创了托勒密王朝。它的领土范围，最初主要是埃及，后来经过他及其继承者的不断扩张，版图时有扩大，曾一度达到巴勒斯坦、南叙利亚、小亚细亚沿岸及爱琴海上的一些岛屿等地，成为东部地中海地区最强大、最有影

→塞琉古一世

响的国家之一。公元前3世纪末叶以后逐渐走向衰落，至公元前1世纪30年代，被罗马帝国征服，将其变为罗马帝国的一个省，并入了罗马版图。

← 塞琉古一世

塞琉古王国，是由亚历山大部将塞琉古所建。公元前312年，塞琉古已占有巴比伦一带，公元前305年称王，是为塞琉古一世。塞琉古企图囊括亚历山大帝国的故土，称王之后，便东侵印度。其时北印度已经在孔雀王朝下统一，国势强盛，塞琉古不得不退出过去马其顿军征服的印度河以西的土地，换取500头战象媾和而归。公元前301年在易普索斯之役中，塞琉古与其他亚历山大旧将合力打败安提柯，以后不断向西扩张，占领了小亚细亚和叙利亚大部分地区。公元前280年，塞琉古渡海远征马其顿，出师不利遇害身亡。塞琉古死后，他的儿子安条克继位，史称安条克一世。因之，也称其国为安条克王国，这便是中国史书所称的"条支"国。安条克于公元前279年—公元前275年间，打败了北方加拉太人对小亚细亚的侵扰，

并由此开始与埃及争霸。这时塞琉古王朝的版图，大体与大流士一世时期波斯帝国在亚洲的属土面积相当。公元前64年，罗马将军庞培侵入西亚，并将西亚并入罗马版图。

安提柯王国。亚历山大死后，马其顿的统治权掌握在马其顿的安提帕特手中。由于亚历山大部将间的战争，马其顿政权转移到底墨特里手中。底墨特里之子安提柯·贡那特，于公元前276年被军队宣布为王，开创了安提柯王朝。

安提柯王朝建立后，一方面与埃及、塞琉古王不断进行战争，争夺爱琴海霸权；另一方面，加强对希

→安提柯·贡那特

腊的控制和压迫。

公元前3世纪末，罗马以马其顿王与迦太基统帅汉尼拔结盟反抗罗马为由，发动了三次对马其顿的战争。至公元前146年，希腊也在罗马的征服下，划入了罗马版图。由亚历山大帝国分裂出来的3个较大王国，先后败亡于罗马人之手。随着罗马把地中海变成其内湖，确立了霸权统治地位，一向被西方史学界称之为"希腊化时代"的"希腊化国家"宣告寿终正寝。罗马人开创了一个新的历史发展阶段。

亚历山大帝国为何如此迅速地走向分裂？亚历山大之死，为什么导致了亚历山大帝国的分崩离析？亚历山大帝国分裂的主要原因有以下几个方面：

第一，它是靠武力征服建立起来的帝国，它"没有自己的经济基础，而是暂时的，不巩固的军事行政的联合。"（《马克思主义和语言学问题》，《斯大林文选》下集，第507页。）从武力征服角度看，亚历山大的东征是一个残暴地掠夺和侵略东方各族人民的过程。亚历山大率领的远征军所到之处，使许多地方被劫掠一空，甚至化为废墟，成千上万的人民被屠杀，或被卖为奴隶。东征给被征服的各族人民带来了沉重的灾难与空前的不幸。被征服的各族人民只是暂时屈服了亚历山大的武力，刻骨铭心的民族仇恨却埋在了心底。

→安提柯·贡那特

一旦时机成熟，他们就会把仇恨的心理变成仇杀的行动。亚历山大帝国建立的同时，也就埋下了民族矛盾的种子。民族怒火迟早要烧毁这座民族的监狱，获得新生和自由。

　　从经济基础角度看，庞大的亚历山大帝国缺乏统一的经济基础。各地经济发展不平衡，存在着多种经济运行方式。古代埃及和两河流域，存在着较为发达的奴隶制经济。中亚地区和印度西北部，存在着原始农业经济。部分地方正处于原始社会向阶级社会过渡的发展阶段。由于经济千差万别，从而决定了各民族的生产生活方式也各不相同。名义上是统一帝国，实际上是各有各的生活方式和经营方式的暂时联合。在统一帝国内，彼此语言不通，生活习惯和宗教信仰不一的各被征服民族，反而由于亚历山大的军事征服，使其有了相同或相近的历史遭遇和社会地位。虽然经济、语言、信仰等一时难于统一，但是，各被压迫民族反抗亚历山大帝国压迫的斗争却很容易使其团结起来。一地举事，各地响应。亚历山大帝国成为各被压迫民族的共同敌人。

从不巩固的军事行政联合体角度看，亚历山大帝国中央机构，主要是马其顿人和希腊人居要职。亚历山大提拔他儿童时代的挚友、文韬武略，善解人意的赫菲斯提昂担任相当于帝国宰相的"千夫长"职务，协助他治理帝国。亚力山大提拔他的秘书，希腊人埃于麦涅斯担任办公厅负责人，处理国王日常书信等事宜，并承担为亚历山大撰写"起居注"等文字工作。财政部门是由亚历山大的老朋友哈尔帕洛负责。其他一些较有才干的马其顿人和希腊人，也都给他们安排了相应的行政职务。这体现了马其顿、希腊人联合专政的性质和政权特点。

帝国统辖三洲，中央首府位于两河流域的巴比伦城，可谓山高路远，鞭长莫及。马其顿人和希腊人虽为统治阶级，但在人口比例上，与帝国统治下的东方各族人民相比，又是微不足道，不成比例的极少数。

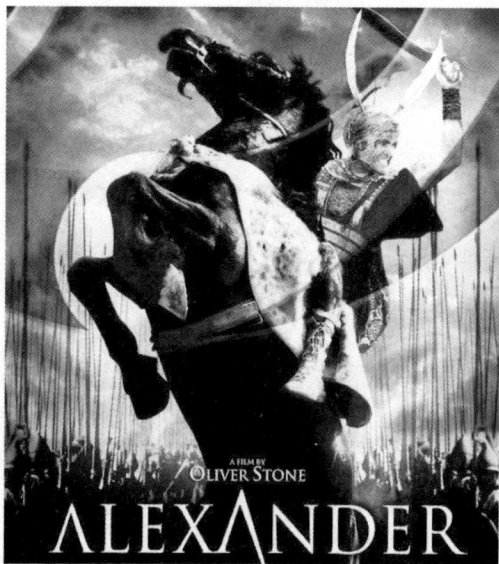

→ 亚历山大（电影剧照）

他们即使有心亲自控制地方行政，也无力得以实现。故不得不采取拉拢原地方上层政策，采取分化政策，扶植傀儡等政策。例如：对征服后的波斯地区的统治，就采用了沿袭波斯旧制的办法，保留了波斯的行政区划和管理体制，对顺服的一部分原有官吏，使其留任原职，但必须向帝国效忠。除此而外，还擢升了一批波斯和其他民族中的贵族，来充任亚历山大帝国的地方行政，让一种外人去统治另一种外人。这种地方行政具有明显的压迫性、妥协性、暂时性和不巩固性。这种昭然的帝国地方政权，作为帝国统治的社会组织基础，也在很大程度上埋下了庞大帝国的崩溃隐患。

第二，亚历山大帝国"……是偶然凑合起来的，内部缺少联系的集团的混合物，其分合是依某一征服者的胜败为转移的"。（《马克思主义和民族问题》，

《斯大林全集》第2卷，第292页。）

正因为亚历山大帝国是靠亚历山大的军事胜利建立起来的，也只能靠亚历山大的武力来维持。一旦武力强人不复存在，偶然"凑合起来"的庞大帝国就陷入了民族矛盾、阶级矛盾、统治集团争夺权力等诸多矛盾之中而走上衰败之路。不论是民族反抗斗争的胜利，还是被压迫人民反对压迫者的胜利，或是统治集团内部争夺权力之争的结局，都会使这一"内部缺少联系的集团的混合物"分崩离析。可见，亚历山大病亡的厄运，也就是亚历山大帝国的厄运。

第三，继承人问题，是亚历山大帝国迅速分裂的直接原因。亚历山大英年早逝，还未来得及考虑继承人的问题，公正地说这不是他的过错。况且，亚历山大死的时候，他的妻子正在怀孕，生男生女尚不可知。

然而，帝国的分裂确实是以亚历山大的死为契机，首先围绕着继承人的问题而展开的。如果像有的材料记载的，亚历山大临死前曾说过将大权"留给最好的人"这话是历史事实，那么，亚历山大在此重大问题上就犯了一个严重的错误。客观上为图谋大位的野心之人留下了挡箭牌和保护伞。成为争夺王位者为此力争的口实。

围绕着继承人而展开的权力之争，成为率先在上

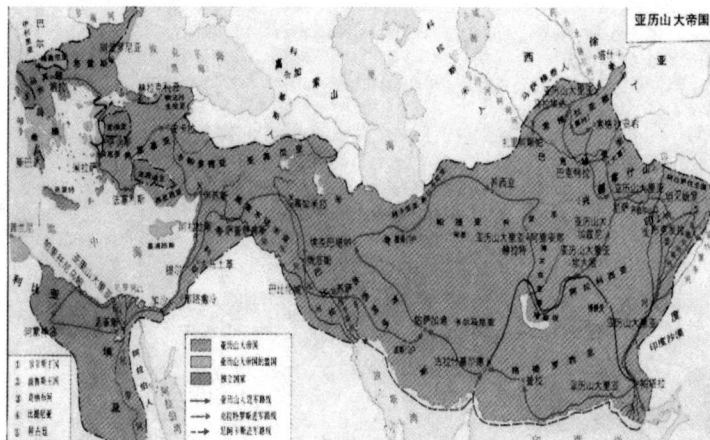

层建筑领域内分裂帝国的最直接力量。彼此争夺的结果，在客观上加速了统一帝国的分裂，促进了地方割据势力的兴起。

尽管，亚历山大死后，他的部将们暂时达成过协议，选出了国王和摄政大臣，并许诺如果亚历山大的妻子生了男孩，就任命他为帝国合法继承人。但这些许诺和做法，对于兵权在握，拥有一定实力的亚历山大部将来说，不过是一种政治游戏，他们绝不会认真地去履行的。事实证明，他们所说的和所做的完全是两回事。尽管，亚历山大的妻子果真为亚历山大生了儿子，按照部将达成的协议，理应出任帝国合法继承人。然而，结果却恰恰相反，不但未能继承大位，反而却惨遭横祸，他与他的母亲后来均被害死。

继承人问题，为历史留下了深远的沉思！

深远影响

> 果敢无战不胜，刚毅无征不服。
> ——亚历山大

亚历山大及其所建立的亚历山大帝国，虽然早已成为历史的过去，但是它所产生的影响是深远的。

其一，亚历山大成为文人墨客笔下的理想人物。在文学、史学、民间故事、俚俗传说等方面，塑造出了色彩纷呈风格各异的亚历山大形象。亚历山大成为西方家喻户晓的传奇式英雄人物。这些创作为世界文化宝库留下了一笔宝贵的文化遗产。

其二，亚历山大备受政治家、军事家

← 亚历山大塑像

→亚历山大（浮雕）

的崇敬。政治家关心他的雄心壮志，具有坚定追求的政治头脑，以及治政治军的文韬武略和帝国的兴亡。军事家关心亚历山大的军事才能、灵活巧妙的军事指挥艺术，以及战略战术思想。

在学术领域内，不少中外学者陆续发表了对亚历山大的研究性成果。从政治、军事、历史、文化角度研究亚历山大的专家学者越来越多。人们把亚历山大的一生和作为放到当时的特定历史条件下，从不同角度去总结历史经验教训，成为当今人们了解西方历史，借鉴历史经验的重要材料。

其三，亚历山大令西方无数王子王孙效仿，古往今来不知有多少人以他的名字命名、幻想成为亚历山大第二，成就亚历山大的伟业，但最终没有一人能与当年的亚历山大相媲美。

亚历山大帝国的建立，推动了科学考察工作的开展，使东西方文化得以在东方交汇。亚历山大里亚城成为当时著名的科学文化研究中心。

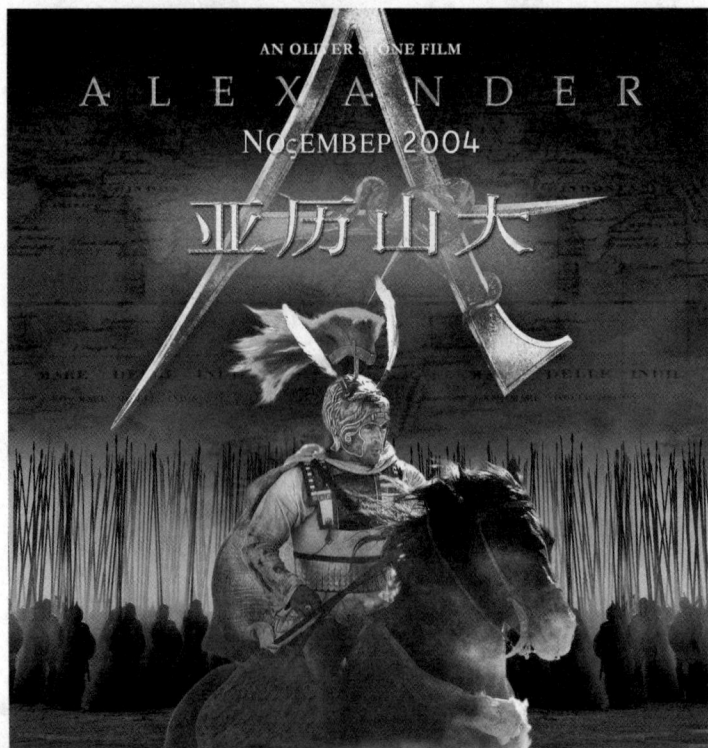

←亚力山大（电影剧照）

→ 亚历山大

亚历山大帝国的建立，促进了东西方物质文化交流，密切了东西方之间的往来和相互了解。希腊的商人和殖民者追随着远征军的足迹，活跃在三大洲的广阔地盘上。有不少学者，在远征中或以后，来到东方，研究科学、文化、艺术，搜集动植物资料、标本、扩大了人类的知识范围，有利于东西方文化的发展。

亚历山大帝国的建立，开创了希腊历史发展上的"外部极盛时期"（马克思语）。庞大的帝国，向世人展示了希腊在国际舞台上的地位，也显示了亚历山大及马其顿人含辛茹苦的创业精神和创造力。亚历山大帝国在历史上存在的时间虽短，但它给予并留下的影响却久远流长。

即便在亚历山大帝国分裂之后，由亚历山大部将分割而建立的，被西方人称为"希腊化国家"的托勒密王国、塞琉古王国和安提柯王国，也使希腊奴隶制经济在地中海范围内得以继续，促进了王国所在地新兴封建生产关系的萌芽和发展。

→亚历山大（电影剧照）

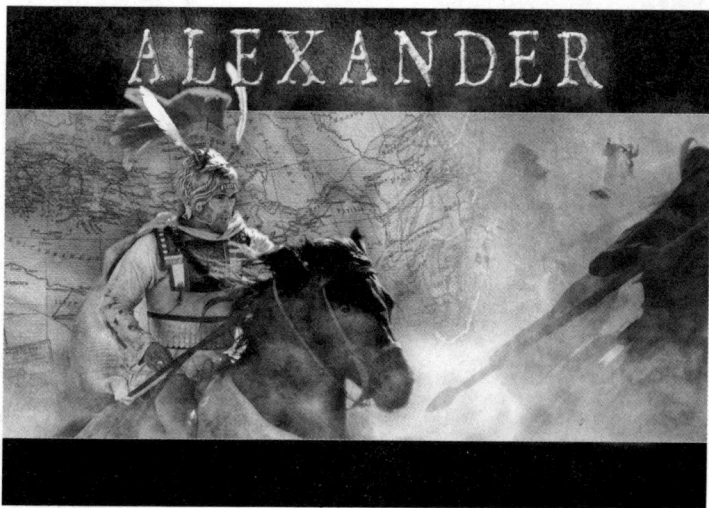

亚历山大帝国，作为历史遗产，最终被罗马所征服。在一定意义上说，罗马帝国的建立，基督教的传播，东罗马帝国的长期存在，都与亚历山大帝国的影响有关系。

正如海斯·穆恩韦兰所著的《世界史》中所指出的："希腊科学与文化上的胜利，比马其顿方阵的成功更为持久。"

人们不会忘记历史，人民用历史教育后人，自然不会忘记亚历山大及亚历山大帝国。

我们说亚历山大是人而不是神，正如"爱尔维修所说的，每一个社会时代都需要有自己的伟大人物，如果没有这样的人物，它就要创造出这样的人物来。"亚历山大就是这种应希腊社会发展需要，并由希腊社会历史发展创造出来的属于那个时代的"伟大人物"。亚历山大与常人不同的地方也就在这里。

伟大人物既然是应社会发展需要，并由社会发展创造出来改造社会，创造历史的，那他就不能凭空去创造历史，而只能站在已有的历史发展基础上，去开拓进取，创造未来。

青山常在，历史长存！

亚历山大

相关链接
XIANGGUAN LIANJIE

亚历山大的深远影响

公元前334年，亚历山大以希腊—马其顿联军统帅的身份开始了对波斯帝国的征服。10年征战，亚历山大不仅将原来波斯帝国的版图据为己有，而且有所扩大。从地中海到印度河，从黑海、里海、咸海到阿拉伯海、波斯湾、红海，几乎囊括在亚历山大的帝国之下。

亚历山大的东征与某些战争相比，时间并不算长，但其独特的进攻和远距离机动作战方式，却在世界战争史上留下了重要的一页。他孤军深入，以进攻为主连续战斗，进行了数以百计的抢渡江河、围城攻坚，以及山地、沙漠地和平原地作战，多次以速战速决战胜优势之敌。他在诸兵种的运用，特别是骑兵运用、陆海军协同作战、进军路线选定、战斗队形编成、作战指挥和后勤保障等方面，都有自己特有的战法。

亚历山大的远征，洗劫和烧毁了亚洲一些古老的城市，将成千上万的劳动人民掠为奴隶，以野蛮、残忍、落后的手段毁灭了许多东方文明。但是，亚历山大远征，也具有更多的积极历史意义。亚历山大的东征，促进了东西方文化的交流，开拓了人们的眼界。亚历山大的东征，还开辟了东西方贸易的通路。他在东方建立的几十座城市，都逐渐发展成为商业中心，如埃及的亚历山大港至今仍是埃及著名的大海港。东方的城市出现了优美的希腊式雕塑和建筑，东方的天文学和数学知识也传入西方，丰富了西方的知识宝库。希腊文化成为凌驾于当地文化之上的强势文化，希腊化的进程加快了，与东方文化的交流融合日益广泛深入。希腊化世界的形成，大大便利和促进了各希腊化王国之间以及它们与周边地区的交往。由于经济、文化的交流往往大大超出政治统治的区域，在希腊化世界及其周边地区实际上形成了以西亚为中心、以地中海和中亚印度为两端的新的交通体系。

亚历山大被称为世界上最伟大的军事统治者之一，对人类社会的进展产生了重大的影响。